校企合作应用型系列教材

科学工作能力实训指导

GUIDANCE FOR SCIENTIFIC WORK ABILITY TRAINING

李文瑛　张庆利　主编

中国科学技术大学出版社

内容简介

本书在结构体系和内容上汲取国内外管理理论和实践中出现的新成果，突破专业壁垒，体现新文科理念。实训内容涵盖通用、行政、人事和财经工作能力四个模块，结合大量实际案例，帮助学生建立以目标为导向的思维方式，促使学生养成科学工作能力。

本书可作为相关专业的本科生实训教材，也可作为相关研究人员的参考用书。

图书在版编目(CIP)数据

科学工作能力实训指导 / 李文瑛，张庆利主编. -- 合肥 ：中国科学技术大学出版社，2025.7. -- ISBN 978-7-312-06230-8

Ⅰ. B026

中国国家版本馆 CIP 数据核字第 2025AK8361 号

科学工作能力实训指导

KEXUE GONGZUO NENGLI SHIXUN ZHIDAO

出版 中国科学技术大学出版社
安徽省合肥市金寨路 96 号，230026
http://press.ustc.edu.cn
https://zgkxjsdxcbs.tmall.com

印刷 安徽省瑞隆印务有限公司

发行 中国科学技术大学出版社

开本 710 mm×1000 mm 1/16

印张 15.25

字数 332 千

版次 2025 年 7 月第 1 版

印次 2025 年 7 月第 1 次印刷

定价 48.00 元

序

随着科学技术的突飞猛进，以及人工智能的快速发展，圆通制脑力劳动生产线打破了传统工作模式。近年来，大学生就业难成为了常态，在职人员工作恐慌也成为了常态，快速提高学生和在职人员的工作能力已经成为迫切的需要。教育部高度重视圆通制成果应用，以强化大学生科学工作素质培养，促进大学生高质量就业，支持推广“科学工作能力提升计划”（百千万工程）在高等院校生根发芽，茁壮成长。蚌埠学院与圆通科学工作院的教授团队编撰了《科学工作能力实训指导》教材，通过实践教学，从源头上构建新时代科学工作方法，树立科学工作的理念，我非常高兴应邀作序。

社会对应聘者和在职工作者的要求非常明确，且非常一致，就是能干！随着我们对日常工作中各种元素的深入分析研究，发现社会各方对工作能力和工作经验的理解主要包括以下五个方面：

其一是工作知识要求。通常以学生的专业学历水平为代表，如专科、本科、研究生学历与相关学位。具体要求是熟悉相关行业国家法律政策体系、熟悉行业工作标准体系、掌握岗位工作标准体系、熟悉单位机构组成、熟悉岗位设置规范和掌握岗位科学量化考评要求等。

其二是工作技能要求。通常以完成岗位工作内容所需的技能为核心，以从事过几个相关岗位为代表。具体要求是掌握具体岗位工作标准，熟悉工作名称定义、工作基本内容、工作所需资料、工作流程和相关工作标准。

其三是工作经验要求。通常以工作年限为代表，要求在某岗位上工作达一定年限，核心要求是不断积累相关工作经验，在实践中萃取工作标准，知道解决什么问题，具有解决问题的思路，找到解决问题的方法，整合解决问题的措施，从而达成问题的有效解决。

其四是工作能力要求。通常以具有管理能力、执行能力、沟通能力或特定工作能力为代表，要求能够整合资源，熟悉工作标准，培养系统地思考问题的能力、准确地抓住问题本质的能力、独立地提供问题解决方案的能力、准确地提出解决问题核心流程的能力、准确地提供问题解决所需资料的能力和解决核心问题时对相关问题统筹安排的能力等。

其五是职业素养要求。通常以工作中需要表现出的科学精神、职业精神和言谈举止为代表。核心是掌握职业素养训练工作标准，包括接受工作、解释工作、准备工作、安排工作、跟踪工作、请示工作、汇报工作和评价工作等工作标准，在强化训练以后，能够做到遵纪守法、爱岗敬业，能够达到内化于心、外化于行的水平要求。

圆通制工作标准萃取了工作经验，其实践教学的最基本目的是帮助学生获得工作经验。《科学工作能力实训指导》就是按这些要求，通过相关专业培养方案来提供工作标准，从而丰富实践教学。我们鼓励各专业课程教师用课内实验来对接科学工作标准训练；对设置有课内实验的专业课程，鼓励教师以工作标准为实验实训方法，结合专业课内容需求选取相应工作标准训练作为课内实验，减轻教师案例和实验设计的工作量，提升学生课程实践的能力。

学习者掌握了工作标准，就量化积累了工作经验，同时也量化积累了工作能力，从而自信心增强，能够管控个人行为，能够按照标准要求工作，表现出很高的职业素养和专业品质。毕业时高质量就业就是满意的结果，同时高水平完成工作任务也有了科学的理论支撑。

王民权

2024 年 9 月

前　言

人才是经济社会发展的第一资源。为了有力促进学校转型发展和高素质复合应用型人才培养，显著提升学校服务地方经济发展的能力，蚌埠学院与圆通科学工作院联合落实“科学工作能力提升计划”（简称“百千万工程”）。“百千万工程”通过贯彻教育部学校规划建设发展中心的先进理念，利用圆通科技股份有限公司科学工作标准集成体系和数据库资源优势，促成蚌埠学院科学工作能力实训示范基地顺利建设和投入使用，是学校与圆通科技股份有限公司携手推进“产教融合、校企合作”创新办学模式和落实办学定位的又一重要举措，也是学校与相关行业企业实现融合发展的又一新成果。

本教材主要介绍四类工作能力的训练方法。每类工作能力的训练均包括实训目的、实训理论基础、实训内容、实训案例、实训操作步骤、实训成绩评价等内容，让学生通过体验中心了解圆通公司的制度，认识工业、农业等不同行业的特点，并通过不同岗位工作的模拟体验，对自己的职业规划进行分析，发现自身欠缺的能力，及时调整训练内容，以期确定未来发展方向。体验中心主要帮助学生认知各种岗位，清楚知识、能力和经验之间的关系，学习科学工作的思维模式。

首先是通用工作能力训练。主要训练学生作为工作者必须掌握的基本工作方法和必须具备的职业素养。通过训练接受工作、准备工作、请示工作、汇报工作等工作标准，使学生掌握职场内为人处世的基本行为规范；通过训练工作目标分解、工作方案制定、工作计划编制等工作标准，让学生掌握“会一事”的技能，为“通一行”和“精一岗”奠定基础。

其次是行政工作能力训练。主要训练学生作为行政工作者必须掌握的基本工作能力和必须具备的职业素养。学生通过行政工作基本规范训练，掌握从事该职业最基本的工作规范和相关流程；训练过程中以真实的工作任务为基点，提升学生日常行政管理工作能力。

再者是人事工作能力训练。主要训练学生作为人事工作者必须掌握的基本工作能力和必须具备的职业素养。学生通过人事整体工作基本规范、招聘面试、员工培训、薪酬绩效考核及劳动合同管理等基础人事工作训练，掌握从事该职业最基本的工作规范和流程标准；训练过程中以真实的工作任务为基点，以学生为中心，培养学生全面考虑问题和做事的能力。

最后是财经工作能力训练。主要训练学生的财经类相关岗位的工作能力。训练内容参照典型财经类工作标准，采用圆通制工作标准训练教学法。由于财经类专业岗位特殊的工作性质，工作内容具有技术性、严谨性和保密性的特点，大多数企业不接受学生在本单位进行相关岗位实习，加上岗位特点导致能够接受实习的学生数量有限，使实习流于形式。依托圆通科学工作院工作能力训练中心将工作标准嵌入专业课程的实践教学中，可以使学生在实训中能快速积累工作经验，提升工作能力，尽快适应未来就业岗位要求。

本教材的结构设计、内容安排以及案例选择，都力求理论与实际结合，注重实用性和可操作性。内容实用、适用，有助于提高学生的实训成效，加深对相关知识的理解，力求达到学以致用的目的。

本教材由科学工作能力实训指导教学团队核心成员共同编写，圆通科技股份有限公司白雯丽总经理进行整体指导，李文瑛、张庆利任主编，负责主持教材从立项到完稿过程中的各项工作，年素英、韩蕃、桑萍任副主编。各章节内容的编写分工如下：第一章由彭惠梅、洪何苗、褚伟、邓泉编写，第二章由桑萍、郭倩、单丹、任旭编写，第三章由韩蕃、王玲梅、吕部编写，第四章由张庆利、年素英、吴雪峰编写。

通过本教材的编写，希望“科学工作能力实训指导”这门通识课程能更适合开放教育、高职高专、应用型本科等的人才培养，更贴近各专业学生的学习与工作需要。在教材编写过程中，参考和引用了一定量的文献，在此，教材编写组向原作者致以诚挚的谢意。因水平有限，不当之处敬请读者批评指正。

作　者

2024 年 9 月

目　录

第一章　通用工作能力训练

【导引案例】

张×是一名非常出色的业务员，每年业务工作量都超额完成，业务考核总是名列前茅，为此，公司提拔张×做了部门主管。同事和家人都为张×的升职感到高兴，还特意庆祝了一番。可是刚当主管没多久，张×的烦恼就来了，她发现作为主管和作为业务员，工作内容有很大的不同，比如要经常对本部门的工作计划和日常管理事务进行决策，要安排下属的工作，要协调处理员工之间的关系，要经常向上级请示和汇报工作，要对工作计划和执行情况做出安排和跟踪，等等。张×觉得这些工作自己好像无力胜任，经常感到力不从心。张×的烦恼其实是大部分一般工作者转变为管理者后都会遇到的问题，管理者作为一个部门或团队的负责人，与一般工作人员的工作范围和工作职责不同，管理者要为部门和团队的整体运营绩效承担责任。通过本章的通用工作能力的学习和训练，可以培养管理者的基本能力，帮助张×适应新角色。

第一节　决策层工作标准

决策是人们生活、生产中离不开的一种实践活动。人类有了实践活动就产生了决策，说明决策活动很早就存在，并伴随着人们的日常生活与生产工作。日常生活决策包括吃、穿、住、行。例如，早晨睡意朦胧的你睁开双眼时，是起床还是继续未完的美梦？早餐吃什么？决策是人们生活和生产中普遍存在的不可回避的一种活动。生产经营决策包括生产什么、生产多少、规模多大、运用什么技术、招聘多少人、人员如何安排等等的决策。决策是生产经营管理过程的核心。

一、实训能力目标

通过理论知识学习了解和掌握决策的含义、种类、特征，再通过科学工作能力实训平台的实操，熟练掌握决策层做出实际决策的一系列程序，明确工作地点、工作时间、工作要求、工作部门，熟练调取工作库中的相关资料。通过实操独立完成一个决策过程，制定一份决策方案，最后经过小组汇报修改完善决策方案。

二、实训理论基础

（一）决策的概念及其特征

1. 决策的含义

决策是一个过程，是为实现某一特定目标，借助一定的科学理论和方法，在拥有一定的信息和经验的基础上，系统地分析主客观条件，提出两个或两个以上的可行方案，并从中选择一个最优方案或最满意方案予以实施的过程。

2. 决策的特征

（1）目的性：期望实现的成果。

（2）选择性：科学分析的方案选择。

（3）主观性：决策者的经验、偏好。

（4）客观性：自然客观环境影响。

（5）决策准则：评价方案的标准。

（6）动态性：方案的实施、反馈、修正。

（二）决策的要素

（1）决策者：个体或群体。

（2）可行目标：主观意志与客观现实的反映。

（3）决策方案：两个或两个以上。

（4）决策环境：自然状态，确定的或不确定的。

（5）决策结果：方案在不同自然状态下的结果。

（6）决策准则：评价达到目标的标准。

（三）决策的原则

（1）完全信息原则：好的决策需要大量的信息作为支撑，决策前要搜集大量的信息，决策完毕之后也要进行信息跟踪与完善。

（2）有效性原则：决策的目的是通过合理利用人、财、物等资源获得最大效益。

（3）整体性原则：决策问题是由若干相互联系、相互依存的因素有机构成的系统，同时它又是某一更大系统的子系统，因此，要统筹决策。

（4）准确性原则：随着社会化大生产的出现，以及决策环境的复杂性、决策结果的影响性，凭经验、直觉和智慧决策已越来越不适应，必须要运用正确的决策理论、决策方法和先进的决策手段进行决策，才能避免或减少决策失误。

（5）反馈性原则：由于对决策问题认识的不足，决策环境随时间推移发生变化，决策信息也发生变化，需要根据反馈回来的信息对决策进行补充、修改和调整。如果实施结果表明决策是正确的，要扎实推进；如有偏差，依据客观规律，及时纠正。

(6) 民主性原则：合理划分企业各管理层决策权限，提升各级人员参与决策的积极性和主动性。充分尊重每一个决策人员的地位与权利，相互配合协调。充分听取参与决策人员的意见，在群众参与和监督下完成决策。重视专家以及参谋人员的作用。

(四) 决策的种类

1. 按决策的时间分类

依据时间长短可分为长期决策、中期决策和短期决策。

(1) 长期决策(战略决策)：涉及组织的发展和生存的，有关全局性、长远性问题的，具有深远影响的决策。

(2) 中期决策(策略决策)：为了完成战略决策的目标，在人力、物力、财力等资源的准备和组织上所进行的决策。

(3) 短期决策(业务决策)：根据策略决策的要求快速对执行行为方案的选择。

2. 按决策的结构和程序分类

依据结构和程序可分为程式化决策与非程式化决策。

(1) 程式化决策(定型化决策、常规决策)：利用已有的信息构建数学模型，把制约条件与要达成的目标结合起来使决策重新进行优化。

(2) 非程式化决策(非结构化决策)：指对不经常出现的、复杂的、特殊问题的决策。非程式化决策没有规律可以遵循，只能凭临场经验、结合当下客观事实来做出决策，一般是一次性的。

3. 按决策目标和指标量化性分类

依据目标和指标的量化性可分为定量决策和定性决策。

(1) 定量决策：决策问题中决策变量、状态变量和目标函数均可用数量来描述，决策过程中运用数学模型来辅助决策者寻找最优或满意方案。

(2) 定性决策：决策变量、状态变量和目标函数均无法用数量来描述，只能用抽象的概括和定性的描述。

4. 按决策目标的数量分类

依据决策目标的数量可分为唯一目标决策和不同目标决策。

(1) 唯一目标决策：决策要达成的目标只能是一个。

(2) 不同目标决策：决策追求的目标可以呈现多样化。

5. 按决策的主体确定性分类

依据决策主体确定性可分为确定型决策和不确定型决策。

(1) 确定型决策：决策环境比较确定，易于决策者掌握，决策者做出判断的依据也完全确定。

(2) 不确定型决策:决策者只知道决策环境中的几种情况,对做出决策之后达到的效果无法判断。

(五) 决策的程序

面对决策问题,该如何做出正确的选择? 例如,大学生毕业找工作时该如何选择? 买电脑时如何选择? 作为企业管理者,工厂新址该建在哪里? 该买哪种生产设备? 等等。决策过程是一个复杂的系统分析过程。不同的决策问题,其性质不同,其决策程序也不尽相同。一般来说,科学合理决策程序应大致包含以下内容:

(1) 发现和确定问题。

(2) 确定决策目标。

(3) 拟定备选方案。

(4) 分析评价选择方案。

(5) 方案的实施与控制。

三、实训内容

(1) 决策的基本方法和工作标准。

(2) 决策的基本流程和战略思维。

(3) 运用圆通工作能力训练平台进行"决策能力"规范训练和测试。

(4) 分组编制一份决策的方案,要求方案具有完整性和可行性。

四、实训操作步骤

决策作为各类单位中一项重要的工作内容,是所有中高层管理和决策人员都应具备的一项能力,其工作流程标准见表 1.1。

表 1.1　决策工作流程标准

工作流程	工作要求	工作人员	工作时间	工作地点	工作单位	工作资料
接受工作任务,熟悉工作要求	正确	安排工作者	规定时间	安排单位地址	安排任务单位	目标方案制定任务书
		决策层		接受单位地址	接受任务单位	决策层工作计划
				执行单位地址		

续表

工作流程	工作要求	工作人员	工作时间	工作地点	工作单位	工作资料
准备工作资料，研究工作条件	可行	决策层	规定时间	工作训练地址	接受任务单位	样板目标方案学习讨论
						讨论研究目标方案记录
研究工作目标，讨论工作方案	正确	决策层	规定时间	执行单位地址	接受任务单位	目标方案所需工作资料
				工作训练地址	执行任务单位	目标方案分解细化思路图
					指导工作单位	
细化工作目标，编制工作方案	可行	安排工作者	规定时间	执行任务地址	接受任务单位	目标方案（草稿）
		决策层			执行任务单位	目标方案编制工作记录
						目标方案工作问题清单
宣讲目标方案，征询修改意见	真实	决策层	规定时间	安排单位地址	安排任务单位	目标方案工作建议清单
		执行层		执行单位地址	接受任务单位	目标方案（定稿）
		管理层		执行任务地址	执行任务单位	
监督方案执行，实现工作目标	完整	决策层	规定时间	执行单位地址	安排任务单位	决策层工作总结
		执行层		安排单位地址	执行任务单位	目标方案执行跟踪记录
		管理层		规定地址	指定单位	工作底稿

决策工作通常包括以下流程：① 接受工作任务，熟悉工作要求；② 准备工作资料，研究工作条件；③ 研究工作目标，讨论工作方案；④ 细化工作目标，编制工作方案；⑤ 宣讲目标方案，征询修改意见；⑥ 监督方案执行，实现工作目标。

决策工作环节参与的主要工作人员包括决策层、管理层、执行层。涉及的工作地点有执行任务地址、安排单位地址。工作单位有接受任务单位、执行任务单位、安排任务单位。

决策工作所需要的或过程中产生的工作资料有目标方案制定任务书、决策层工作计划、目标方案分解细化思路图、目标方案编制工作记录、目标方案工作问题清单、目标方案工作建议清单、决策层工作总结、目标方案执行跟踪记录、工作底稿。

五、实训案例

张×是××学院2023届本科应届毕业生，通过不懈努力，她当年被国内某双一流大学录取为硕士研究生，但她同时也考上了国家公务员。选择上研究生可以提升自己的学历，开阔自己的视野，而选择入职公务员即刻就拥有一份稳定的工作，面对两个选择张×不知该如何决策。如果你是张×，你是怎么决策的？结合实训内容给出决策的理由。

六、实训成绩评价

(1) 课堂出勤率(20%)。
(2) 决策层工作标准考核成绩(30%)。
(3) 编制决策层规划方案(个人或小组作业，50%)。

第二节　请示工作标准

一、实训能力目标

熟悉汇报工作标准中的工作资料内容，熟悉记忆汇报工作标准的工作流程，理解其适用场景。能够在工作中结合工作安排者对工作执行节点关注情况，及时反馈工作进度和工作质量，培养科学汇报工作的能力。具有较强的逻辑思维能力和沟通、协调能力。

二、实训理论基础

(一) 请示工作的概念

请示工作是一种通识工作经验。通常请示工作是指在完成工作的过程中出现超出执行者执行权限且无法处理或不知如何处理的问题时，向上一级领导咨询处理方法或请求给予帮助的过程。

请示工作主要包括以下几种情况：出现与原审批计划内容不相符的情况、无法完成原工作任务的情况、出现因客观原因导致任务不可控的情况、超越原计划资源需求等异常的情况。当遇到类似情况时，都要向上级领导及时请示。请示时要对上级说明现已出现的情况，同时拟定不同的可行性方案供上级选择。

(二) 请示工作的要求

(1) 按职责分工对口请示。领导主管领域的事一定要向其请示，牵扯到其他部门和领导的事情，若需要领导出面，也一定要多请示、多咨询。

(2) 只请示难处理或者无权处理的事情。

(3) 尽可能不把多项事情集中，避免一次请示多项。

(4) 重大事项需书面请示时，应严格遵循“一文一事”的规则。

(5) 根据请示事项的重要性、紧迫性以及领导的沟通习惯等，灵活选择沟通形式。

(6) 请示必须在事前进行。

(7) 请示前准备要充分。

(8) 请示时理清思路、分清重点，表达精练，用词准确。

(9) 请示时表情郑重、态度谦恭、语气委婉。

(三) 请示工作的特点

1. 批复性

在科学工作能力实训中，请示工作具有双向对应的批复性，即下级在工作中有请示的时候，上级决策时一定要有批复，以便使下级的工作能及时推进。

2. 单一性

跟其他通用科学工作能力相比，请示更要强调遵循“一事一报”的原则。一份请示中，只能就一项工作或一个情况、一个问题做出请示，不得在一次请示中针对多个问题进行请求指示或批准。

3. 针对性

科学工作能力中的请示，有很强的针对性。必须遇到所执行的工作和任务中没有对策、没有把握或没有能力解决的重要事件或问题，才能运用请示。不能一遇到一些无关紧要的问题就向上级请示。

4. 时效性

请示所涉及的情况都有一定的迫切性，在工作中碰到难以解决的问题时需要及时做出请示，如果延误，就有可能耽误解决的时机。相应地，上级在处理下级的各项请示时，也要注意批复的及时性。

（四）请示工作的步骤

请示工作包括对团队工作的请示和个人工作的请示，请示的内容可包括开始工作前确定工作思路、工作重点、工作目标及工作计划的内容，也可以请示工作中的重要事件或重要节点的安排，其工作步骤如图 1.1 所示。

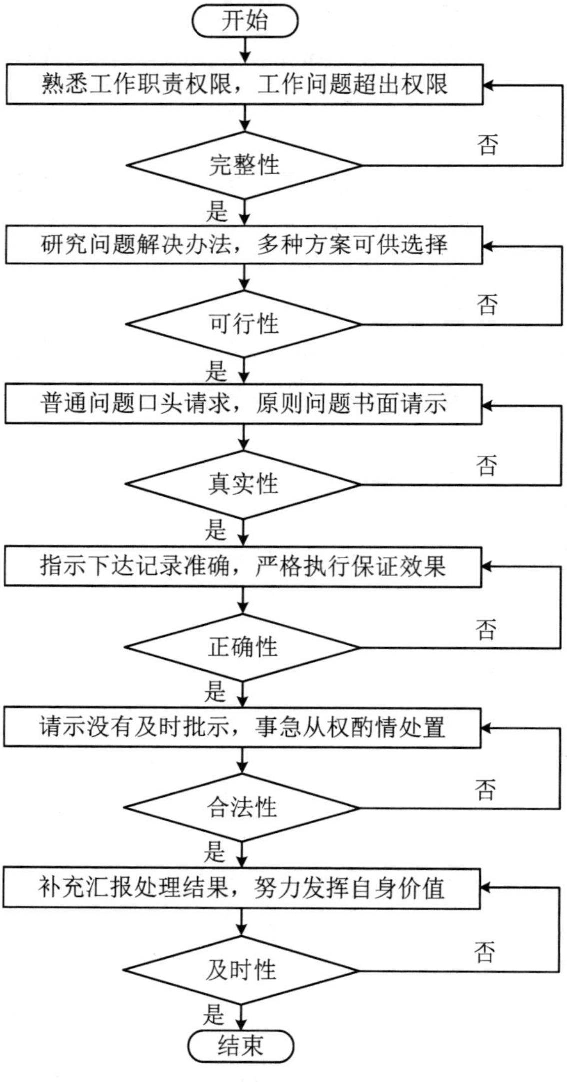

图 1.1　请示工作的步骤

当请示工作范围大、复杂、无法通过口头形式简单描述时，需要给出请示工作报告，报告内容要求具有可行性，确保工作效率和工作质量，请上级定夺。通过学习训练，对请示工作的详细要素内容要有所了解：第一步，执行工作者在接受任务后，首先需要熟悉工作职责权限，如果工作问题超出权限，则进入请示工作环节，请示中的各种问题和工作职责权限，属于事前资料；第二步，执行工作者对遇到的工作问题进行研究，制定解决办法，提出多种方案以供选择，过程中产生的工作资料是建议工作方案；第三步，执行工作者对安排工作者、下级对上级进行工作请示时，普通问题可以口头请示，原则问题需书面请示，产生的工作资料是口头请示记录、专题请示报告；第四步，执行工作者在接到工作批示或指示后，应进行准确记录，同时严格执行以保证工作效果，这一阶段产生的工作资料是工作指示、拟定的建议方案；第五步，如执行工作者的请示没有及时获得批示，依据着急程度（事急从权）酌情处置，产生的工作资料是拟定的建议方案、超权限处理问题记录；第六步，安排工作者和执行工作者在各自职权范围内履行工作职责，补充汇报处理结果，努力发挥自身价值，形成的事后工作资料是问题处理结果汇报。

三、实训内容

（1）学习请示工作的基本内容。
（2）学习请示工作的标准和步骤。
（3）运用圆通工作能力训练平台进行请示工作规范训练和测试。
（4）汇报在学习请示工作标准后的感悟。

四、实训操作步骤

1. 制定工作标准基本表格

如表 1.2 所示。

表 1.2　请示工作的基本表格

工作核心目标	对超出自身权限的工作问题，提出解决方案请求上级裁决并严格执行，解决工作问题
工作开始时间	即时
工作结束时间	计划时间
相关工作地点	执行任务地址、安排单位地址
相关工作单位	执行任务单位、安排任务单位
相关工作人员	执行工作者、安排工作者
备　　注	

2. 整洁工作标准所需资料

工作标准所需资料如表 1.3 所示。

表 1.3 请示工作所需资料

资料类型	编码	资料名称	单位	原件数	复印数
事前准备资料	1	工作职责权限	份	1	1
	2	工作问题	份	1	1
事中产生资料	3	建议工作方案	份	1	1
	4	专题请示报告	份	1	1
	5	口头请示记录	份	1	1
	6	拟定建议方案	份	1	1
	7	工作指示	份	1	1
	8	拟定的建议方案	份	1	1
	9	超权限处理结果汇报	份	1	1
事后结果资料	10	问题处理结果汇报	份	1	1
法律法规资料	11	工作遵守的法律法规	份	1	1
技术资料	12	工作制度汇编	份	1	1

3. 实训标准与步骤

请示作为各类单位一项重要的工作内容，是所有中层和基层工作者甚至高层管理和决策人员都应具备的一种能力。请示工作通常包括以下方面：

(1) 熟悉工作职责权限，职责权限内的工作按规定进行处理和执行，若工作问题超出权限，则进入请示流程。

(2) 研究问题解决办法，提出多种可供选择的方案。

(3) 请示方式，普通问题口头请示，原则问题书面请示。

(4) 对于上级下达的指示进行准确记录，并严格执行以保证效果。

(5) 若请示没有及时得到批示，事急从权，酌情处置后上报说明相关情况。

(6) 补充汇报处理结果，努力发挥自身价值。

请示工作环节参与的主要工作人员包括执行工作者、安排工作者。涉及的工作地点有执行任务地址、安排单位地址。工作单位有执行任务单位、安排任务单位。

请示工作所需要的或过程中产生的工作资料包括工作问题、工作职责权限、建议工作方案、口头请示记录、专题请示报告、工作指示、拟定的建议方案、超权限处理问题记录、问题处理结果汇报。

请示工作实训标准见表 1.4。

表 1.4　请示工作实训标准

工作流程	工作要求	工作人员	工作时间	工作地点	工作单位	工作资料
熟悉工作职责权限，工作问题超出权限	完整性	执行工作者	即时	执行任务地址	执行任务单位	工作问题
						工作职责权限
研究问题解决办法，多种方案可供选择	可行性	执行工作者	即时	执行任务地址	执行任务单位	建议工作方案
普通问题口头请示，原则问题书面请示	真实性	执行工作者	即时	执行任务地址	执行任务单位	口头请示记录
		安排工作者		安排任务地址	安排任务单位	专题请示报告
指示下达记录准确，严格执行保证效果	正确性	执行工作者	即时	执行任务地址	执行任务单位	工作指示
						拟定的建议方案
请示没有及时批示，事急从权酌情处置	合法性	执行工作者	即时	执行任务地址	执行任务单位	拟定的建议方案
						超权限处理问题记录
补充汇报处理结果，努力发挥自身价值	及时性	执行工作者	计划时间	执行任务地址	执行任务单位	问题处理结果汇报
		安排工作者		安排任务地址	安排任务单位	

五、实训案例

假设你是一名置业顾问，碰到客户付先生，其一次预订多套商品房，希望你帮忙申请折扣，销售经理在外地出差，你如何向销售经理请示？

在此说明置业顾问职责如下：

（1）主动维护公司声誉，对本楼盘进行宣传；

（2）热情接待，细致讲解，耐心服务，务必让客户对我们提供的服务表示满意；

（3）全面熟练地掌握本楼盘的规划、设计、施工、管理情况，了解房地产法律、法规以及相关交易知识，为客户提供满意的咨询；

（4）制定个人销售方案、计划，严格按照公司的销售价格及交房标准进行销售。

六、实训成绩评价

（1）课堂出勤率(20%)。

（2）安排工作标准考核成绩(30%)。

（3）编制具体活动安排工作方案(个人或小组作业，50%)。

第三节　汇报工作标准

一、实训能力目标

熟悉汇报工作标准中的工作内容，熟悉汇报工作标准中规定的工作流程，理解其适用场景。能够在工作中结合工作安排者对工作执行节点关注情况，及时反馈工作进度，培养科学汇报工作能力，同时培养较强的逻辑思维能力和沟通、协调能力。

二、实训理论基础

（一）汇报工作的概念

工作汇报经验是一种通识工作经验。汇报工作是指下级通过汇报工作前的准备、工作中的措施、工作后的总结等与上级密切保持联系的行为规范。汇报者要根据自己所执行工作中各环节的重要性，以及针对该项任务中上级关注的重点内容及时恰当汇报工作。工作汇报一定要注意恰当掌握汇报的节点和间隔，其目的不仅是在工作执行中得到上级指示，同时也是让上级随时掌握该项工作的进展情况。

工作汇报的形式包括向上级的书面汇报、口头汇报、工作团队的会议汇报等。特别要注意的是不能长时间不汇报，也不能事无巨细地汇报全部细节和越级汇报，详细流程如图 1.2 所示。

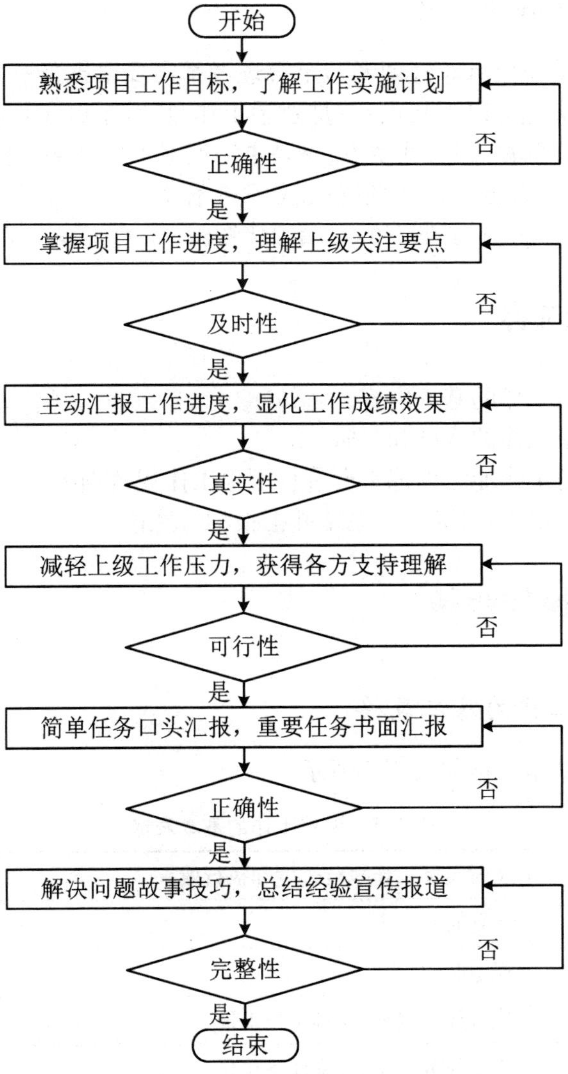

图 1.2　汇报工作流程

（二）汇报工作的意义

（1）及时得到上级的正确指导。
（2）是对领导的一种尊重。
（3）汇报是工作的一部分。
（4）避免挫折，少走弯路。
（5）让领导能更客观地评估自己。

（三）汇报工作的步骤

汇报工作是单位所有非管理者乃至管理者都需要掌握的一种工作经验，完整的汇报工作流程应包含以下几点：一是熟悉工作目标，了解工作实施计划；二是掌握项目工作进度，理解上级关注要点；三是主动汇报工作进度，显示工作效果；四是减轻工作压力，获得各方支持和理解；五是简单任务采用口头汇报，重要任务采用书面汇报；六是提升解决问题技巧，总结工作经验。

三、实训内容

（1）学习汇报工作的基本内容。
（2）学习汇报工作的标准和步骤。
（3）运用圆通工作能力训练平台进行汇报工作规范训练。
（4）在学习汇报工作标准后，总结并汇报学习感悟。

四、实训操作步骤

（一）汇报工作的基本表格

汇报工作的基本表格如表 1.5 所示。

表 1.5　汇报工作的基本表格

工作核心目标	及时反馈工作执行进度和执行效果
工作开始时间	计划时间
工作结束时间	规定时间
相关工作地点	执行任务地址、安排单位地址
相关工作单位	接受任务单位、安排任务单位
相关工作人员	工作执行者、安排工作者
备　　注	

（二）工作标准所需资料

工作标准所需资料如表 1.6 所示。

表 1.6　汇报工作所需资料

资料类型	编码	资料名称	单位	原件数	复印数
事前准备资料	01	工作计划	份	1	1
	02	工作任务目标	份	1	1
事中产生资料	03	工作进度统计表	份	1	1
	04	工作成绩	份	1	1
	05	上级表扬	份	1	1
	06	工作进度汇报	份	1	1
事后结果资料	07	工作经验	份	1	1
	08	工作故事	份	1	1
法律法规资料	09	工作遵守的法律法规	份	1	1
技术资料	10	管理工作制度编	份	1	1

（三）实训标准与步骤

汇报工作环节参与的人员：执行工作者、安排工作者、工作执行者。

汇报工作涉及的地点：执行任务地址、安排任务地址。

工作单位：接受任务单位、安排任务单位。

汇报工作产生或所需要的工作资料：工作任务目标、工作计划、工作进度统计表、工作成绩、上级表扬、工作进展汇报、工作故事、工作经验。

现代脑力劳动工作交流模式多种多样，工作状态透明，工作团队作用突出，工作流程中上下游关系紧密，其越来越复杂，工作节奏也越来越快，因此工作汇报逐渐变得越来越重要。

工作者要善于汇报工作，关注核心任务进展、结果，发现情况及时反馈并汇报给上级。让上级及时了解情况，这不仅是具有工作责任心的高度表现，更是履行相关职责、科学掌握工作节奏的需要。因此应通过汇报工作标准（表 1.7）训练，深刻理解汇报工作的重要性，掌握这一重要工作经验。

表 1.7　请示工作实训标准

工作流程	工作要求	工作人员	工作时间	工作地点	工作单位	工作资料
熟悉项目工作目标，了解工作实施计划	正确性	执行工作者	计划时间	执行任务地址	接受任务单位	工作任务目标
						工作计划
掌握项目工作进度，理解上级关注要点	及时性	执行工作者	规定时间	执行任务地址	接受任务单位	工作进度统计表
主动汇报工作进度，显化工作成绩效果	真实性	安排工作者	即时	执行任务地址	接受任务单位	工作成绩
		工作执行者		安排单位地址	安排任务单位	
减轻上级工作压力，获得各方支持理解	可行性	工作执行者	即时	执行任务地址	接受任务单位	上级表扬
		安排工作者		安排单位地址	安排任务单位	
简单任务口头汇报，重要任务书面汇报	正确性	工作执行者	即时	执行任务地址	接受任务单位	工作进展汇报
		安排工作者		安排单位地址	安排任务单位	
解决问题故事技巧，总结经验宣传报道	完整性	工作执行者	规定时间	执行任务地址	接受任务单位	工作故事
						工作经验

通过汇报工作实训标准训练后，回答以下相关问题，同时思考在请示与汇报工作过程中自己是否做到了尽善尽美。

(1) 如何记录汇报工作过程中的要点？

(2) 如何制定详细的工作计划?
(3) 如何确定工作时间表?
(4) 如何根据工作时间表把握工作进度?
(5) 如何及时向领导反馈信息?
(6) 总结汇报时做到要点突出、层次清楚了吗?

五、实训案例

×××集团负责工程建设需要招聘一线操作人员,尤其是公司接下轻轨项目后,面临着保洁员缺口较大的问题。人力资源部从3月12日开始,通过网络、报纸、劳务市场等多种渠道,积极招聘。到4月28日轻轨项目正式接管后,一线操作人员、保洁员已基本满足项目运行。为规范招聘工作流程,做好与各单位的衔接,人力资源部5月份着手对《招聘管理制度》进行修订,目前修订版本已基本定稿,进入试运行和意见征求阶段,后续将组织相关人员进行学习并贯彻执行。如果你作为公司人力资源部经理助理具体负责此次招聘,请及时向经理进行工作汇报。

六、实训成绩评价

(1) 课堂出勤率(20%)。
(2) 安排工作标准考核成绩(30%)。
(3) 编制具体活动安排工作方案(个人或小组作业,50%)。

第四节　创业工作标准

一、实训能力目标

通过对创业应具备的各项条件进行学习了解,基本明确创业所要具备的素质与条件。创业很难,要想取得成功更难,但是年轻人有闯劲有勇气,应该鼓励他们主动创业,通过这一模块的实训,能够激发他们的创业热情,增强他们的创业能力。

二、实训理论基础

（一）是否适合创业

是否适合创业需要考虑诸多条件，大致可以概括为如下几点：

1．素质

（1）承诺：对企业的承诺。

（2）决策：具有果断的决策。

（3）动机：真心想创办企业。

（4）诚信：做事重信誉。

（5）风险：具有冒险精神和风险意识。

2．能力

（1）技术能力：具备生产产品或提供服务所需要的技能。

（2）管理能力：具备经营企业所需要的技能。

（3）专业能力：对创业项目特点有足够的认识和了解。

（4）身体素质：身体健康。

3．物质条件

（1）家庭状况：家庭的支持尤其重要。

（2）财务状况：有开办企业的资金。

（二）企业类型

如果能有一个好的创业构思，就意味着创业成功了一半，因为科学的创业构思可以避免盲动、追风，从而降低企业损失和失败的风险。如果构思不合理，即使投入再多的时间和金钱，创业可能还是会失败。在这一过程中，选择创业类型及建立一个合适的创业构思是很重要的，需要了解可创办的企业的种类，以及这种企业成功的要素。常言道："三百六十行，行行出状元。"这句话包含了两层意思：一是行当很多；二是只要选准了适合自己的一行，努力做下去，就会获得成功。所以了解产品的分类，科学周密的企业构思是成功创业的重要条件，只有好的创业构思才能做出特色，追风、赌气式的创业构思违反了客观规律，没有生命力，必定会失败。挖掘好的创业构思，是企业成功的一半。

（三）找准市场

市场是生产力发展到一定阶段的产物，是商品经济中社会分工的表现。可以说，哪里有商品生产和商品交换，哪里就有市场。人口多，但收入低，购买力差，则不能构成大容量市场；购买力虽然高，但人口少，也不能成为很大的市场；只有人口多,购买力又高,才能成为一个有潜力的市场;如果产品不适合,又不能引起人们的购买欲望,也不能成为现实的市场。

了解顾客:顾客是企业生存、发展之根本,没有顾客,企业就很难生存。

了解竞争对手:了解竞争对手,可以取其之长,补己之短,使之成为激励自己创业发展的动力;了解竞争对手,可以明确自己企业在行业中的位置,以确定自己短期或长期的发展目标,知己知彼,百战不殆。

制定市场营销计划:当了解了顾客和竞争对手后,制定属于自己的营销计划:① 提供人们需要的产品和服务。② 制定顾客愿意为产品或服务支付的价格。③ 顾客能方便得到企业的产品和服务。④ 向潜在顾客提供信息,将其发展为真正顾客。

(四) 企业的人员组织

企业的经营活动包括供、产、销、人、财、物等环节。每个经营环节都需要配备相关人员;企业经营者由于精力有限,不可能承担企业经营的全部工作。大多成功的企业主,一是经营好自己的企业,二是经营好自己的顾客,三是经营好自己的员工,四是经营好自己,五是经营好主管部门。

(五) 企业的组织形式

我国民营企业的法律形态有多种,适合小微型企业的包括个体工商户、合伙企业、个人独资企业、有限责任公司。

(六) 法律环境和企业主的责任

企业主应具备相关的法律知识,担当相关的法律责任。国家为了使所有的企业能在公平和谐的环境中竞争和发展,制定了各类有关的法律法规。它们是规范企业经济行为的准则,具有权威性、强制性、公平性。依法办事是企业的责任。

(七) 预测启动资金及利润

至少要准备企业开办前三个月所需的流动资金。确定产品价格,制定成本和销售计划,预测销售收入,编制现金流量表,确保资金来源。

(八) 判断企业能否生存

首先完成创业计划,创业计划是帮助企业主明晰创业规划的纸面测试。其次它是创业途中的行动指南。对做好了创业计划的创业者来说,创业过程中要办的事又多又杂,还要分清它们的轻重缓急,为此一定要制定一个详细明确的行动计划。这将有助于约束自己,规定在什么时间、什么地方该做什么事情。

（九）开办企业

理清了上述八个方面的问题就具备了创办企业的基本条件，就可以按照相关新办企业的步骤创办自己的企业了。

三、实训内容

（1）了解创业的基本概念。
（2）熟悉创业工作流程。
（3）协调各部门制定一份切实可行的创业计划书。

四、实训操作步骤

相关创业工作标准如表 1.8 所示。

表 1.8　创业工作标准

工作流程	工作要求	工作人员	工作时间	工作地点	工作单位	工作资料
建立创业思维，明确创业目标	可行	安排创业者	规定时间	安排创业单位地址	创业者单位	创业工作目标
		创业者		接受任务地址	安排创业单位	创业工作方案
				创业者单位地址		创业工作计划
分解创业目标，准备创业资料	完整	创业者	计划时间	安排创业单位地址	创业者单位	创业工作标准
		创业参与者			创业单位	创业工作资料
						创业工作安排
开展创业训练，熟悉创业要求	及时	创业者	计划时间	安排创业单位地址	创业者单位	创业工作请示
		创业参与者		工作训练地址	安排创业单位	创业工作训练
		创业指导者			创业单位	创业工作记录

续表

工作流程	工作要求	工作人员	工作时间	工作地点	工作单位	工作资料
实施创业项目，有序开展工作	正确	创业者	计划时间	创业地址	创业者单位	创业工作实施
		创业参与者			创业单位	创业工作跟踪
						创业工作记录
跟踪项目进展，研究解决问题	正确	创业者	计划时间	安排创业单位地址	创业者单位	创业工作问题
		创业参与者		执行单位地址	安排创业单位	创业工作建议
				创业地址	创业单位	创业工作批示
总结创业效果，评价循环改进	完整	创业者	规定时间		创业者单位	创业工作结果
		创业参与者		规定地址	安排创业单位	创业工作总结
		创业安排者			指定单位	创业工作底稿

创业是所有工作人员都应具备的一项能力和经验。创业工作通常包括以下几步：

(1) 建立创业思维，明确创业目标；

(2) 分解创业目标，准备创业资料；

(3) 开展创业训练，熟悉创业需求；

(4) 实施创业项目，有序开展工作；

(5) 跟踪项目进展，研究解决问题；

(6) 总结创业效果，评价循环改进。

参与创业工作环节的主要人员包括创业者、创业参与者、创业指导者。涉及的工作地点包含执行任务地址、安排任务地址。工作单位包含创业单位、安排创业单位、指定单位。

创业工作所需要的或过程中产生的工作资料包含创业工作方案、创业工作计划、创业工作标准、创业工作资料、创业工作安排、创业工作请示、创业工作训练、创业工作记录、创业工作实施、创业工作跟踪、创业工作问题、创业工作建议、创业工作批示、创业工作结果、创业工作总结、创业工作底稿。

五、实训案例

×××烧饼夹里脊是某地的本土特色小吃，深受当地居民的喜爱。由于同类小吃经营商家众多，市场竞争激烈，产品利润率不高，单个企业始终无法做大做强，目前市场里存在的品牌多且杂，市场集中度低，知名品牌不多。请根据目前的市场经营现状制定一份市场推广方案，旨在提升品牌知名度，扩大产品市场占有率，最终走出本土，走向全国。

具体要求如下：

（1）先进行详细的市场调研，了解目前市场经营现状。

（2）根据市场调研结果，分析现状指出问题，并给出应对措施和解决方案。

（3）制定一份详细的市场推广方案。

六、实训成绩评价

（1）课堂出勤率(20%)。

（2）创业工作标准考核成绩(30%)。

（3）制定一份创业计划书或市场推广方案(个人或小组作业，50%)。

第五节　管理层工作标准

“管”原指用竹管制成的吹奏乐器，由于古代的钥匙与这种乐器很像，于是便把钥匙称之为“管”，而钥匙是开锁的关键，具有约束性，于是便引申为管理的意思。“理”最初是指对玉的加工，后来把对老百姓的治理也叫作“理”，这就又具备了管理的含义。延伸到现代，从语义和语法的角度，“管理”由两个单音词发展为一个双音词，除具有约束、治理等含义之外，还指企业管理者通过综合利用企业中已有的一系列资源来完成既定目标的过程。管理是企业生存和发展的核心要素。

一、实训能力目标

通过前期理论知识学习，了解管理的含义、特点、要素、内容以及类别；通过科学工作能力实训系统平台、沙盘模拟等，明确工作地点、工作时间、工作要求、工作部门等基本操作要素，完整且独立地对管理层的具体工作程序进行一次实际操作；通过工作小组共同商讨、修改、完善后，制定出管理层工作执行方案。

二、实训理论基础

（一）管理的概念

1. 管理的含义

管理是指在特定的环境条件下，企业管理者通过综合利用企业中已有的一系列资源来完成既定目标的过程。管理的本质是领导、协作、合理分配和协调各种资源的过程。

2. 管理的特点

（1）管理是普遍的社会现象之一。

（2）管理是重要的社会活动之一。

（3）管理是能体现创造力的行为之一。

（二）管理的要素

（1）管理主体：行使管理的组织或个人，包括企事业单位、国家机关、政治党派、社会团体等。

（2）管理客体：管理主体所管辖范围内的所有对象，包括原材料、人员、资金、土地、设备、顾客和信息等。

（3）管理目标：管理主体预期要达到的结果或效果，而该目标仅凭单个人的力量是无法实现的，是管理活动的出发点和归宿点。

（4）管理方法：管理主体对管理客体产生作用的途径和方式，包括行政方法、经济方法、法律方法和思想教育方法等。

（5）管理职能：设计和维持一种环境，使在这一环境中工作的人们能够用尽可能少的支出来实现既定的目标，或者以现有的资源实现最大的目标。

（三）管理的内容

1. 管理体系

管理体系包括管理目标、管理原则、管理方案、管理方案执行方式、执行过程中具体的操作、执行有效性等。管理体系是组织用于建立方针、目标以及实现这些目标过程中相互关联和相互作用的要素。

2. 管理手段

（1）行政手段：根据组织架构关系，上级通过命令、指挥、控制、规定等方式，对下级具有强制性要求的管理手段。

（2）经济手段：通过调节各方面利益关系，如工资、奖金、罚款、福利等手段，刺激组织行为能力的管理手段。

(3) 法律手段:运用法律规范和具有法律规范性质的各种行为规则进行管理的方法,具有强制性、规范性、稳定性。

(4) 思想手段:采取思想教育、谈话谈心、警示警诫等方式,提高个人素质和认识水平的管理方法,具有目的性、启发性、长期性。

3. 管理对象

管理对象是管理活动的承受者,管理对象包括人、财、物、时间、信息五要素。

(1) 人的管理:主要包括生产人员、技术人员、其他管理人员以及开发人力资源等。

(2) 财的管理:主要包括经济和财务,指组织在一定时期内所掌握和支配的物质资料。

(3) 物的管理:主要包括设备、材料、仪器、能源以及物资的管理。

(4) 时间的管理:主要表现为速度与效率,通过合理的计划和安排来快速高效达到既定目标。

(5) 信息的管理:主要指围绕信息的收集、整理、提供和利用的一系列社会经济活动。

4. 管理职能

根据管理工作的内容和流程,管理职能可划分为计划职能、组织职能、指挥职能、协调职能、控制职能、创新职能等。

(1) 计划职能:指组织根据外部市场环境和内部资源条件,制定组织未来发展目标和行动计划。

(2) 组织职能:通过计划职能确定目标以后,依托于本身的组织形式,围绕决策目标的实现,将组织运行过程中的各项工作合理分配。

(3) 指挥职能:通过一个权威、高效的指挥系统,领导者在工作过程中发挥自身的影响力,调动被领导者的工作积极性,运用合适的激励手段和鼓舞方式确保组织更高效地完成决策目标。

(4) 协调职能:对内协调,保证组织在运行过程中,各项工作活动不发生矛盾和冲突,建立默契的配合关系,保持组织工作的整体平衡,以便更高效地实现决策目标。对外协调,协调组织与外部环境及用户的关系,保证组织在行业与社会中保持良好的生产条件和环境。

(5) 控制职能:为了组织的目标得以实现、决策得以贯彻执行,在组织运行过程中对各项工作内容进行监督、检查和调整,确保每一项工作和活动都能按照既定标准去实施和执行。

(6) 创新职能:以市场经济活动为导向,在获取经济利益和社会效益的目标基础上,对组织结构、运行流程、经营理念、工作制度和各项活动的标准进行创新调整,或建立新的组合方式。

（四）管理的方法

管理方法是在管理活动中为实现管理目标、保证管理活动顺利进行所采取的工作方式。管理理论必须通过有效的管理方法才能在管理实践中发挥作用。同时管理方法又是管理理论的自然延伸和具体化、实际化，是管理理论指导管理活动的必要中介和桥梁，是实现管理目标的途径和手段。

1．放权式管理

管理者将拟开展的工作分配给下级，同时赋予他们在一定范围内可以独立处置事务的权限，这样既可以让下级有较多的自由度，还可以极大提高被管理人员的工作积极性，管理者就可以从具体的繁重的事务中脱离出来，更多地考虑上层宏观管理工作。

2．效果式管理

管理者事先要明确某项工作需要达到的效果，在给下级分配具体工作的同时，将目标也下达给对方，对下级开展工作的整个过程给予充分信任，以效果为主、过程为辅，以最终完成工作的程度作为重点评价指标。

3．目标式管理

管理者直接给出一个要求下级必须达到的目标，各个部门共同确定应该完成的工作任务。上级通过阶段性督促检查掌握目标进度，下级为了共同完成需要达到的目标，提高了工作意愿和责任。

4．系统管理

将整个组织的工作看作一个完善的大系统，再根据职能划分为若干个具有独立功能的小系统，各个系统既自成体系，又互相作用，互为依存和制约，最终实现组织管理的高度规范化、科学化和程序化。

三、实训内容

（1）管理的基本方法和工作标准。

（2）管理的基本流程和战略思维。

（3）运用圆通工作能力训练平台进行“管理层工作能力”训练和测试。

（4）分组编制一份管理工作方案，要求方案具有完整性和可行性。

四、实训操作步骤

（一）工作标准要素

1．工作流程

接受工作任务、研究工作方案、制定工作目录、整合工作标准、编订工作计划、优化工作标准、训练工作标准、监督标准执行、实现工作目标。

2. 工作人员

决策层、管理层、执行层。

3. 工作地点

安排单位地址、接受任务地址、工作训练地址、执行任务地址、执行单位地址、规定地址。

4. 工作单位

安排任务单位、接受任务单位、指导工作单位、执行任务单位、指定单位。

5. 工作计划

按照时间顺序安排,包括年度工作计划、月度工作计划、周工作计划、日工作计划等。

6. 工作资料

目标方案、目标方案执行任务书、管理层工作计划、项目构成工作标准分析报告、目标方案构成项目分析报告、工作标准编制安排、样板标准学习讨论、工作标准整合方案、工作标准(草案)、工作标准(定稿)、工作计划(定稿)、计划与标准建议清单、计划与标准修改记录、管理层工作总结、工作底稿、工作标准执行跟踪记录。

(二) 操作步骤

第一步:管理层和决策层在规定时间内准备好事前资料,包括安排单位地址、接受任务地址、目标方案、执行任务书、工作计划等。

第二步:管理层在计划时间内产生工作资料,包括项目构成工作标准分析报告、目标方案构成项目分析报告、工作标准编制安排等。

第三步:管理层和决策层在计划的时间内,研究工作计划、整合工作标准,产生工作标准学习讨论、工作标准整合方案、工作标准(草稿)。

第四步:管理层在计划的时间内,编制工作计划、优化工作标准,产生工作标准(定稿)、工作计划(定稿)。

第五步:决策层、管理层和执行层在计划的时间内,完成修改工作计划、优化工作标准的工作,产生计划与标准目录、计划与标准完善记录。

第六步:决策层、管理层和执行层在规定的时间内,完成监督标准执行、实现工作计划的工作,形成管理层工作总结、工作底稿、工作标准执行跟踪记录等事后资料。详细管理层工作标准如表 1.9 所示。

表 1.9　管理层工作标准

工作流程	工作要求	工作人员	工作时间	工作地点	工作单位	工作资料
接受工作任务，学习目标方案	正确性	管理层	规定时间	安排单位地址	安排任务单位	目标方案 执行任务书
		决策层		接受任务地址	接受任务单位	目标方案
						管理层 工作计划
研究工作方案，编制工作目录	完整性	管理层	计划时间	执行任务地址	接受任务单位	项目构成工作 标准分析报告
						目标方案构成 项目分析报告
						工作标准 编制安排
研究工作计划，整合工作标准	正确性	管理层	计划时间	执行任务地址	接受任务单位	样板标准 学习讨论
		决策层		工作训练地址	指导工作单位	工作标准 整合方案
					执行任务单位	工作标准 （草案）
编制工作计划，优化工作标准	可行性	管理层	计划时间	执行任务地址	接受任务单位	工作标准 （定稿）
					执行任务单位	工作计划 （定稿）
宣讲工作计划，训练工作标准	正确性	管理层	计划时间	规定地址	安排任务单位	计划与标准 建议清单
		决策层			接受任务单位	计划与标准 修改记录
		执行层			执行任务单位	

续表

工作流程	工作要求	工作人员	工作时间	工作地点	工作单位	工作资料
监督标准执行，实现工作计划	完整性	管理层	规定时间	执行任务地址	安排任务单位	管理层工作总结
		决策层		执行单位地址	执行任务单位	工作底稿
		执行层			指定单位	工作标准执行跟踪记录

五、实训案例

M公司是一个新成立的民营企业，主营业务是房地产。当前，房地产市场竞争非常激烈，其市场具有极强的地域性特征，供求情况随着地域的不同而呈现不同的状态。目前M公司的员工总数为20人，期望发展到40人，以建成一个管理结构完整的房地产开发公司。由于M公司是私人企业，所以在组织结构的设计上，在满足职能需要的前提下，应与国有企业有所区别。请结合实训内容进行思考，如何通过合理设置层级与部门岗位，以减少管理成本，提高经济效益。

六、实训成绩评价

(1) 课堂出勤率(20%)。
(2) 管理层工作标准考核成绩(30%)。
(3) 编制管理层工作方案(个人或小组作业，50%)。

第六节　安排工作标准

我们在日常生活和工作中都需要具备时间观念，有效合理地安排工作、学习、休闲、娱乐等日常事务。我们每天都会思考今天要做的事情有哪几件，什么时候做，先做什么再做什么，完成每一件事情需要花费多少时间，按什么样的步骤去完成等问题。为了解决这些问题，我们就需要安排工作，使各项事务有条不紊地进行，并取得理想的结果。在安排工作时，我们需要对近期内要做的事情所涉及的主要工作内容和处理事情的方式方法进行有计划、有条理的具体布置，只有这样，才能保证工作目标按时按质得以实现。

一、实训能力目标

通过安排工作标准训练，掌握安排工作的流程、工作思路、工作内容和规范要求。学生能够描述工作目标，明确工作要求，能够根据工作任务的内容分析完成任务需要的时间；能够编制安排工作的具体方案并对工作进行具体的部署；能够明确安排工作实施过程中的时间节点、实施地点、岗位职责等。熟练掌握安排工作的基本步骤是作为管理人员必须具备的基本能力，反映了管理人员的工作素质和职业素养。

二、实训理论基础

（一）安排工作的概念及其特征

1. 安排工作的概念

安排工作是指对某一工作按照事先确定的要求和计划进行部署和分配，制定具体、切实、可行的方案的过程，是落实计划的基础和保障。安排工作的具体含义包括如下几点：

（1）事先明确目标、计划和要求。安排工作是为了更好达成目标，依据事先制定的计划，按照计划所包含的内容和要求进行任务分解、人员配备，以及各种物质资源的配置。

（2）按程序把事情安排好。安排工作就是事先规定工作或任务办理的流程，按顺序落实计划涉及的每一件事情和每一个环节。

（3）按步骤处理事务，落实人员分工。管理人员只有科学地安排好事务的处理顺序和处理流程，根据任务指定合适的责任人，才能顺利而高效地完成工作。

（4）既有计划的性质，又有执行的性质。安排工作本身是一项计划，同时又是执行更高一层计划的起点。

2. 安排工作的主要特点

（1）围绕同一中心工作进行，对所安排的事项往往只提及要点，很少详细阐明。

（2）措施要求具体、贴合实际，实施过程中一般变动不大。

（3）安排的时间要求比较短，安排是对一项具体工作如何开展所做的程序设定，包括从这项工作开始到工作结束全过程的工作布置。

（4）安排的工作内容和涉及的具体事项需简明扼要、条理清楚地进行罗列，对完成各项工作的标准和要求要表述清楚。

（5）安排工作通常是上级给下级安排，上级也可以委托下级安排工作。

（二）安排工作的基本要素

安排工作包括对团队工作的安排和对个人工作的安排，安排的内容根据事件的特点，可大可小，可粗可细。安排工作既包括开始工作前确定工作思路、工作重点、工作目标及统筹计划的内容，也包括对工作细节的具体安排。因此安排工作要充分考虑执行工作团队的素养，下级水平高，就可以安排粗略；下级水平低，就要安排详细。

安排工作涉及的时间、地点、人员等要素如表 1.10 所示。安排工作环节涉及的工作人员主要包括安排工作者、接受工作者；主要工作地点有安排任务单位地址、安排任务地址；工作单位包括安排任务单位、接受任务单位。

表 1.10　安排工作的基本要素

工作核心目标	完成工作任务统筹规划分解下达
工作开始时间	计划时间
工作结束时间	即时
相关工作地点	安排任务单位地址、安排任务地址
相关工作单位	安排任务单位、接受任务单位
相关工作人员	安排工作者、接受工作者
备　　注	

2. 安排工作标准所需的资料

安排工作各环节所需要的工作资料有：遴选执行人员条件、所需安排工作任务、执行者名单、安排工作方案、不接受工作请示、工作任务书、岗位职务任命书、工作目标、管理标准、技术标准等（表 1.11）。

表 1.11　安排工作标准所需资料表

资料类型	编码	资料名称	单位	原件数	复印数
事前准备资料	01	遴选执行人员条件	份	1	1
	02	所需安排工作任务	份	1	1
事中产生资料	03	执行者名单	份	1	1
	04	安排工作方案	份	1	1
	05	不接受工作请示	份	1	1
	06	工作任务书	份	1	1
	07	岗位职务任命书	份	1	1

续表

资料类型	编码	资料名称	单位	原件数	复印数
	08	工作目标	份	1	1
	09	管理标准	份	1	1
事后结果资料	10	技术标准	份	1	1
法律法规资料	11	工作遵守的法律法规	份	1	1
技术资料	12	工作项目制度汇编	份	1	1

（三）安排工作的流程

在实际管理工作中，我们经常会安排日常工作，对于重要的工作，我们需要谨慎对待，按流程作出部署和安排，安排工作的流程见图 1.3。安排工作一是要根据工作任务内容，研究完成各项任务所需要的能力；二是要编制工作安排方案，遴选最佳执行者；三是要面对下级进行工作的安排和分配，讲述工作任务和要求时态度要严肃认真；四是要尽可能详细地描述工作目标，明确工作要求达到的结果；五是要清晰地制定和阐明管理标准要求，对每项任务的完成要界定时间节点；六是明确技术标准要求，完成任务。

三、实训内容

（1）学习“安排工作”的基本内容。
（2）学习“安排工作”的标准和步骤。
（3）运用圆通工作能力训练平台进行“安排工作”规范训练和测试。
（4）选择一项班级活动，作出活动的具体安排。
（5）汇报一下学习“安排工作标准”后，对“安排工作”的认识。

四、实训操作步骤

为保证工作质量和工作效率，安排工作首先要针对工作的核心目标，围绕核心目标设定具体标准，以此作为分配任务和检查工作的依据。其次要对完成各项工作的工作时间进行规划，对完成工作目标所需要分解的步骤和环节进行科学的设计，要求设计的步骤和环节具有可行性和合理性，要明确完成各步骤、各环节的任务所需要的工作条件和工作能力。另外还要考虑工作中涉及的其他相关部门和相关的工作人员，解决这些部门和人员之间协作与配合的问题。安排工作的实训标准见表 1.12。

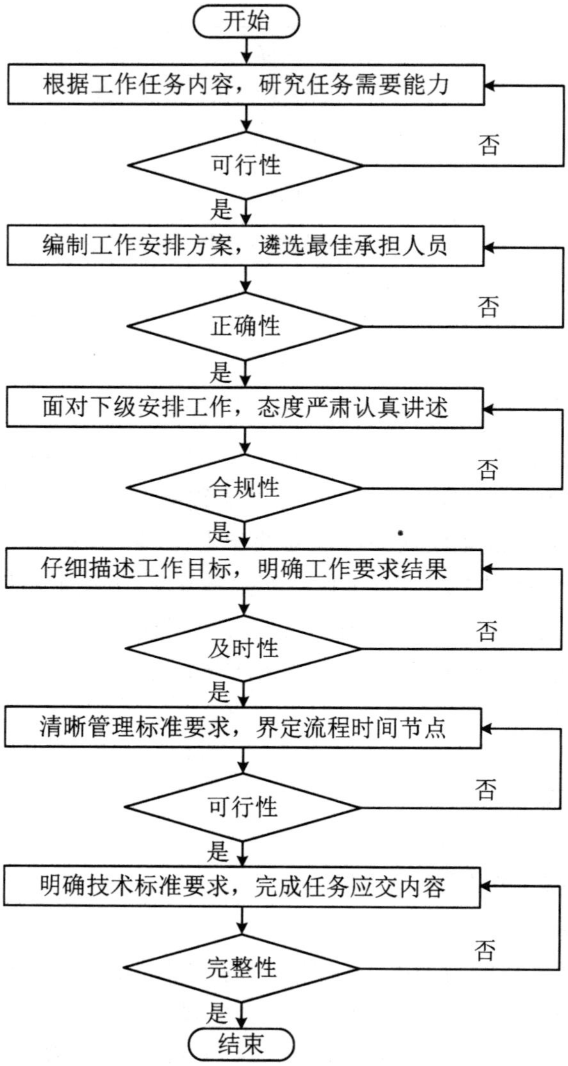

图 1.3　安排工作流程图

表 1.12　安排工作实训标准

工作流程	工作要求	工作人员	工作时间	工作地点	工作单位	工作资料
根据工作任务内容，研究任务所需能力	可行性	安排工作者	计划时间	安排任务单位地址	安排任务单位	所需安排工作任务
						遴选执行人员条件

续表

工作流程	工作要求	工作人员	工作时间	工作地点	工作单位	工作资料
编制工作安排方案，遴选最佳承担人员	正确性	安排工作者	计划时间	安排任务单位地址	安排任务单位	安排工作方案
						执行者名单
面对下级安排工作，态度严肃认真讲述	合规性	安排工作者	规定时间	安排任务地址	安排任务单位	岗位职务任命书
		接受工作者			接受任务单位	工作任务书
						不接受工作指示
仔细描述工作目标，明确工作要求结果	及时性	安排工作者	即时	安排任务地址	安排任务单位	工作目标
		接受工作者			接受任务单位	
清晰管理标准要求，界定流程时间节点	可行性	安排工作者	即时	安排任务地址	安排任务单位	管理标准
		接受工作者			接受任务单位	
明确技术标准要求，完成任务应交内容	完整性	安排工作者	即时	安排任务地址	安排任务单位	技术标准
		接受工作者			接受任务单位	

第一步：安排工作者要根据工作任务内容，研究任务需求，需要的事前工作资料包括工作任务、遴选执行人员。

第二步：安排工作者在计划时间内，编制工作安排方案、遴选最佳承担人员，产生的工作资料有安排工作方案、执行者名单。

第三步：安排工作者在规定时间内将工作安排给下级，并以严肃认真的态度对工作和要求进行讲述，下级按照工作标准接受相应工作。这一步产生的工作资料是岗位职务任命书、工作任务书、接受工作请示。

第四步:安排工作者和接受工作者研讨工作任务,仔细描述工作目标、明确工作要求结果,产生的工作资料是工作目标。

第五步:安排工作者和接受工作者进一步对管理标准要求进行清晰梳理并明确流程时间节点,产生的工作资料是管理标准。

第六步:安排工作者和接受工作者明确技术标准要求、完成任务应交内容,形成的事后工作资料是技术标准。

在安排工作时,如果上级采取的工作方法和工作措施合理,工作流程明确,各阶段任务阐述清晰,那么下级更容易接受任务,工作的积极性也会提高,工作起来更得心应手。反之,若安排工作者思路不清、欠缺条理,则下级将倍感压力,困难重重,效果不佳。因此通过训练积累安排工作经验,要能够使领导者形成科学的安排工作能力,保证在承担重大工作项目之时,能够表现出很娴熟的指挥艺术和熟练的工作技能,让下级工作者感受到工作的科学性。

五、实训案例

×××公司代表团来校商谈产学研活动安排

时间:2022 年 12 月 2 日(星期五)
具体安排:

(一)参观考察

1. 参观民间传统文化研究中心
时间:下午 2:00—3:00
地点:民间传统文化研究中心
流程如下:
(1)参观民间传统文化展览馆。
(2)参观民间传统文化中心资料室。
2. 参观科技创新平台
时间:3:10—4:00
地点:化工楼
流程如下:

(1)参观基础化学实验中心,包括无机化学实验室、有机化学实验室、分析化学实验室;

(2)参观化工与材料实验中心,包括应用化学专业实验室、化学工程与工艺专业实验室、无机非金属材料专业实验室、测试平台。

3. 参观科学工作能力实训基地

时间 4:10—5:00

地点:教学楼 A 楼 5 楼

流程如下:

(1) 参观体验中心;

(2) 参观财经工作能力训练中心、行政工作训练中心、人事工作能力训练中心、通用工作能力训练中心、等级评价中心;

(3) 参观物理沙盘体验区。

(二) 座谈交流

时间:5:10—6:20

地点:第二视频会议室

议程如下:

(1) 校长王××致欢迎词,并介绍学校基本情况。

(2) ×××公司总经理蒋××讲话。

(3) 双方交流。

(4) 学校党委书记李××讲话。

(三) 会议结束

主持人宣布会议到此结束。

六、实训成绩评价

(1) 课堂出勤率(20%)。

(2) 安排工作标准考核成绩(30%)。

(3) 编制具体活动安排工作方案(个人或小组作业,50%)。

第七节　跟踪工作标准

一、实训能力目标

跟踪工作是任务完成过程中一项通识工作,通过跟踪工作模块的学习,学生应掌握跟踪工作标准的工作流程和工作要素,能够在工作中应用跟踪工作标准,结合实际工作场景和具体工作任务开展跟踪工作,依据事先制定的进度安排和质量要求,了解、检查和督导各项工作的完成情况,发现问题及时纠正或调整。训练学生具备科学跟踪工作的能力、较强的组织沟通能力与综合协调能力。

二、实训理论基础

（一）跟踪工作的概念

跟踪工作是企业建立任务处理流程之后，为了提高工作效率，管理者及时跟进任务执行情况，对任务完成过程进行跟踪检查，发现、记录并反馈问题的处理情况，确保任务能够顺利完成的过程。跟踪工作一般由上级部门、监督检查部门、专职人员、绩效考评等部门来完成。

跟踪工作广泛存在于各个领域，无论是企业、学校、医院等企事业单位，还是各级政府部门，想要顺利开展工作，达到预期目标，在工作安排完成后，都需要执行跟踪工作过程，发现工作中存在的问题等及时再分配或协作处理。

企业在运作过程中要保证各项计划与工作顺利实施，提高工作效率，及时跟踪任务执行情况是一项十分重要的工作。通过跟踪工作可以加强任务执行过程中沟通、检查和反馈，确保任务能够顺利完成。如果跟踪工作没有做好，会影响其他工作和下一步工作的顺利开展。

政府部门在出台新政策后，为了确保政策措施精准有效落实到位，要密切跟踪政策措施的落实情况，并根据实际情况，不断调整和完善，使得部门领导和管理人员能够清晰地掌握每个环节、每个阶段的工作进展及执行状况。

（二）跟踪工作的意义

1. 通过跟踪能确保工作按计划有序开展

制定好工作计划并分配好工作任务后，便要开始推进任务在各阶段有序实施。在任务实施过程中，情况进展如何，下属有没有按要求完成任务？这就需要跟踪工作来确保各项任务按事先制定的计划和时间表有条不紊地推进，从而保证在规定的期限内达到预期的目标。

2. 通过跟踪可以及时发现问题，迅速采取纠正和调整措施

在计划实施过程中对一些任务的理解出现偏差或对一些细节的疏漏都有可能影响目标的实现，因此工作人员需要定期或不定期地跟进和了解项目的实施情况与效果，梳理整个流程，提升对项目的认知和理解，对全体成员做好监督和管理，对各项任务做好跟进与评价，发现问题要及时上报并协调各个部门，共同制定解决对策。

3. 增强工作人员的责任感和紧迫感，激发工作动力

在工作过程中，经常接受来自外部的跟踪和督促，会让工作人员更加重视这项工作，意识到工作对于组织的重要性，从而可以更加认真谨慎地对待该项工作，增强责任感和紧迫感，随着工作逐步推进，会增强员工的成就感，激发员工的工作热情。

（三）跟踪工作的基本表格

1. 工作标准基本要素

跟踪工作环节参与的工作人员包括安排工作者、高层管理者、接受工作者；工作地点有安排单位地址、任务开展地址、管理机构地址；工作单位包含任务安排单位、任务接受单位、高层管理单位。详细见表1.13。

表1.13　跟踪工作的基本表格

工作核心目标	了解能否按期保质保量完成工作任务
工作开始时间	即时
工作结束时间	规定时间
相关工作地点	安排单位地址、任务开展地址、管理机构地址
相关工作单位	安排任务单位、接受任务单位、高层管理单位
相关工作人员	安排工作者、高层管理者、接受工作者
备　　注	

2. 跟踪工作标准所需资料

跟踪工作过程中产生或所需要的工作资料包括工作计划、工作计划要点、工作项目进度统计表、工作检查记录、工作效果评估工作问题清单、请示报告、工作跟踪记录，如表1.14所示。

表1.14　跟踪工作标准所需资料

资料类型	编码	资料名称	单位	原件数	复印数
事前准备资料	01	遴选执行人员条件	份	1	1
	02	所需安排工作任务	份	1	1
事中产生资料	03	执行者名单	份	1	1
	04	安排工作方案	份	1	1
	05	不接受工作请示	份	1	1
	06	工作任务书	份	1	1
	07	岗位职务任命书	份	1	1
	08	工作目标	份	1	1
	09	管理标准	份	1	1
事后结果资料	10	技术标准	份	1	1
法律法规资料	11	工作遵守的法律法规	份	1	1
技术资料	12	工作项目制度汇编	份	1	1

跟踪工作过程中涉及上级、跟踪者和下级三者之间的关系处理，有效跟踪工作是对行政权力的正确使用，一方面表现为上下游流程关系，另一方面表现为上下级之间的管理关系，上级对下级有管理和支配的权力，下级对上级有支持和配合的义务。

跟踪过程中不光要认真实施，还要积极地听取上下级的意见。在实际的跟踪工作检查中，往往会忽视事先制定好的检查标准，从一项工作的跟踪转而讨论另外一项工作，使两项工作之间的关系发生混淆，从而不能发现问题所在，这也许是交流不同步时产生矛盾的核心原因。人们通过跟踪检查相互交往，相互熟悉，长此以往，就容易形成小圈子，这种小圈子即工作体系，当一项工作任务完成后有了新的任务，就会涉及新的人员和部门，这时原有的工作体系就会发生改变，就会产生重新分配工作岗位和管理权力的需要，新的工作重心、新权力分配以及新的工作体系的形成容易形成工作分歧和工作矛盾。

作为管理者或跟踪者应注意减少对相关人员进行不必要的评论，而应该自觉提高沟通、交流水平。作为下级应接受和配合上级的跟踪检查，认真服从指令，注意为上级提出合理化建议的场合与时机，以及提建议的方式等等。

（四）跟踪工作的流程

作为一项通识经验，跟踪工作在多数实际管理过程中都会有所涉及，要做好跟踪工作，第一要了解工作计划和目标，建立跟踪工作的意识；第二要了解项目的重要环节和上级关注的重点内容，掌握跟踪工作的核心思想；第三，在跟踪过程中要多方了解工作进度，对于重要的工作要亲临现场检查和监督，客观综合地做出判断；第四，依据目标和事先制定好的评估工作效率和质量的标准，做好效果评价；第五，如果发现错误和偏差要即时纠正，如果在自己权限范围内的问题可以现场督办和处理，如果超越权限范围，要及时向上级部门和相关人员请示；第六，协调各部门各阶段的工作，使其良性发展，做好跟踪工作记录（如图 1.4 所示）。

三、实训内容

（1）学习跟踪工作的基本内容。

（2）学习跟踪工作的标准和步骤。

（3）运用圆通工作能力训练平台进行跟踪工作规范训练和测试。

（4）调查企业某项生产或服务工作过程，如产品开发、新产品促销、物流运输等，跟踪其任务执行过程，做好跟踪记录。

（5）在学习跟踪工作标准后，汇报对跟踪工作的认识。

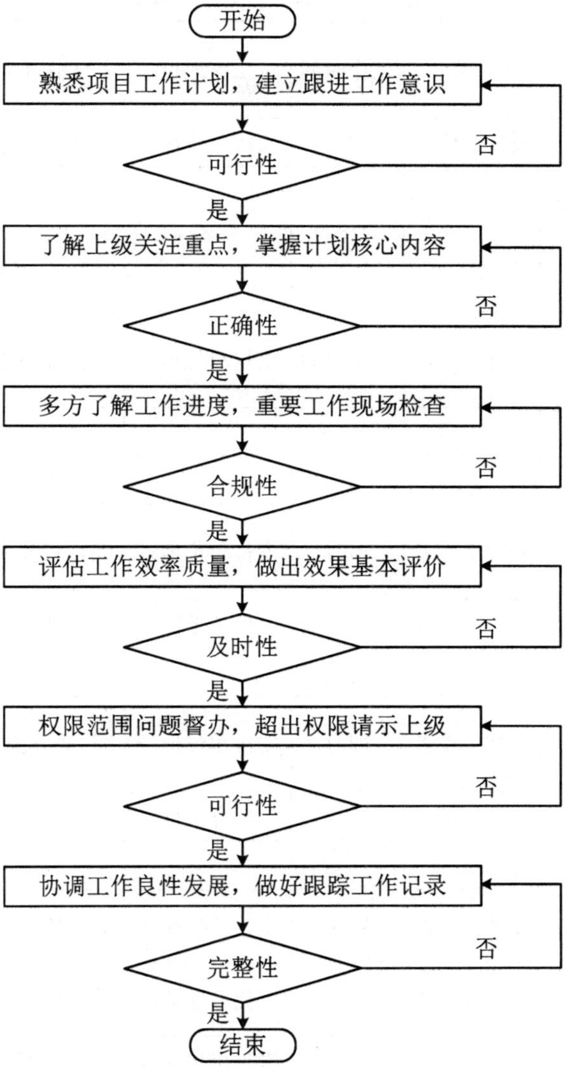

图 1.4　跟踪工作流程图

四、实训操作步骤

要做好跟踪工作，既要控制工作的进度，又要保证工作结果达到预期目标。在工作中要有效地做好跟踪工作处理过程，及时发现影响工作进度、质量、结果的问题，在权限内要及时解决问题，权限外要及时向上级请示处理。跟踪工作的标准步骤见表 1.15。

表 1.15　跟踪工作实训标准

工作流程	工作要求	工作人员	工作时间	工作地点	工作单位	工作资料
熟悉项目工作计划，建立跟进工作意识	完整性	安排工作者	即时	安排单位地址	安排任务单位	工作计划
						工作跟进责任意识
了解上级关注重点，掌握计划核心内容	正确性	安排工作者	规定时间	安排单位地址	安排任务单位	工作计划要点
多方了解工作进度，重要工作现场检查	真实性	安排工作者	即时	安排单位地址	安排任务单位	工作项目进度统计表
				任务地址	接受任务单位	工作检查记录
评估工作效率质量，做出效果基本评价	正确性	安排工作者	即时	安排单位地址	行政办公室	工作效果评估
				任务地址		
权限范围问题督办，超出权限请求上级	及时性	安排工作者	即时	安排单位地址	安排任务单位	工作问题清单
		高级管理者		任务地址	接受任务单位	请示报告
				管理机构地址	高层管理机构	
协调工作良性发展，做好跟踪工作记录	完整性	安排工作者	规定时间	安排单位地址	安排任务单位	工作跟踪记录
		接受管理者		任务地址	接受任务单位	

第一步：安排工作者熟悉项目工作计划，合理安排工作后，应建立跟进工作意识，对工作的执行情况进行实时监督和检查。这一步骤的关键是要保证计划的完整性，需要的工作资料是工作计划、工作跟进责任意识，这些都属于事前资料。

第二步：安排工作者了解上级关注的重点、掌握计划核心内容，产生的工作资料是工作计划要点，要求掌握的资料正确无误。

第三步：安排工作者需多方了解工作进度，对重要工作需进行现场检查，产生的工作资料是工作项目进度统计表、工作检查记录表。

第四步：要求安排工作者科学准确地评估工作效率和质量，并做出基本效果评价，产生的工作资料是工作效果评估报告。

第五步：安排工作者、高层管理者在规定时间内安排单位地址、任务地址和管理机构地址，在权限范围内进行问题督办，超出权限的事宜应请示上级，产生的工作资料是工作问题清单、请示报告。

第六步：安排工作者、高层管理者在规定时间内，有效协调工作良性发展，做好跟踪工作记录，形成的工作资料是工作跟踪记录表。

五、实训案例

小刘在一家进出口贸易公司工作，他的主要工作职责是在接到客户订单后，跟踪订单的进度，并根据客户需要向客户反映订单执行情况。为此小刘要对订单中的交货日期、商品交易价格、商品规格、商品数量，以及其他商务条款进行了解和评审，与下单人核对订单内容。在商品备货阶段，小刘要以订单为依据跟踪商品的生产进度，跟进采购部、技术部、生产部，确定预出货日期，向客户反馈信息，如有延期，还要协调交货期，协调生产与采购，通知各部门做好应对，以满足客户要求。发货后，还要整理托运单与装箱清单，并告知客户。订单交付后还要定期做好工作总结，整理所有订单完成情况、所有客户的反馈意见和处理结果。

从这个案例可以看出，跟单工作人员不仅责任大，工作节奏多变，工作过程中需认真谨慎，并且工作涉及客户和企业的多个部门，需要有较强的沟通协调能力，工作具有综合性。

跟单是完成外贸订单必不可少的工作环节。除了跟单外，类似的跟踪工作在新产品开发、制造生产、物流运输、供应链管理、工程施工和营销服务中也普遍存在，通过跟踪处理工作进程中遇到的困难、客户提出的咨询和建议、投诉与服务请求的处理等情况，有利于及时有效地解决问题，为客户提供高质量的商品和优质的服务，提高企业的管理效率，提升企业的竞争能力，塑造企业良好的形象。

六、实训成绩评价

（1）课堂出勤率（20%）。

（2）安排工作标准考核成绩（30%）。

（3）编制具体跟踪活动记录方案（个人或小组作业，50%）。

第八节 评价工作标准

一、实训能力目标

评价工作是一项基本的管理工作，通过评价工作模块的学习，学生应了解评价工作过程中的管理与技术标准，学会运用评价工作标准，掌握评价工作标准的工作流程和工作要素，同时能够结合实际工作场景，对各工作项目的执行过程和工作取得的成果进行总结、比较、分析，评价工作效果。通过训练，学生应具备进行科学评价工作的能力、较强的组织能力与总结分析能力。

二、实训理论基础

（一）相关概念

1. 评价工作

评价工作是对一项工作、一个部门或相关工作人员的绩效进行比较、判断、综合分析后得出结论的过程。工作评价是指通过设定一系列的评判标准和采用合理的方式，对各项工作目标完成情况进行综合分析，从中了解各项工作在目标实现中的价值，并据此确定各项工作的等级和报酬。评价工作最重要的就是对工作取得的绩效进行评价。

2. 绩效

工作评价的过程其实就是对完成工作的绩效进行分析评价的过程。

绩效是成绩与成效的综合指标，是一定时期内的工作行为、方式、结果以及产生的客观影响，是对企业员工完成工作的数量、质量、成本以及为企业作出的贡献等的反映。绩效主要有以下特点：

(1) 多因素性：绩效的好坏取决于多个因素的影响，包括外部环境、机遇、个人的情商和智商、所拥有的技能和知识结构以及企业的激励因素等。

(2) 多维度性：评价绩效的好坏应该从多个方面、多个角度去分析，这样才能取得更加合理的、客观的、科学的结果。

(3) 动态性：绩效具有动态性的特征，对绩效的评价应该随着时间、人员以及企业目标等的变化而变化。

3. 绩效评价

所谓绩效评价是指组织按照事先制定的标准、指标和程序，对组织取得的整体成效或员工个人的工作能力、工作业绩进行评价与考核的过程。由此可知绩效评价的过程其实就是将组织取得的整体成绩与企业目标进行对比，或是将员工在工作中取得的实际成绩同员工应完成的工作任务进行比较的过程。

4．工作评价的目的

（1）为员工的升职、降级、调离和辞退提供依据。

（2）为员工和企业改进工作效率提供依据。

（3）对员工或团队在企业中作出的贡献进行评估。

（4）为变更员工的薪资待遇提供依据。

（5）对招聘员工和工作岗位的安排进行评估。

（6）对员工或团队的教育培训需求提供依据。

（7）对员工的未来职业生涯规划进行评估。

（8）对企业人力资源规划工作提供依据。

（三）评价工作的流程

1．明确评价目标

只有明确了考核与评价的目标，评价工作才有价值。评价主体和评价目的不同将直接影响评价的目标，因此，要先确定评价的目标，才能确定评价的侧重点和内容。

2．选择评价对象

评价对象可以是整个组织，可以是一个部门，也可以是员工个人，评价目标不同，考核对象也不同，考核对象是由评价目标决定的。

3．构建评价指标体系

评价指标体系是根据评价目标而设定从哪些方面对评价对象进行考核，是评价的主要内容，详细内容见表 1.16。

表 1.16　某企业财务部门绩效评价指标体系

指标类别	指标名称	系数	计算公式	考核频次	数据来源	归口部门
财务表现	资金闲置成本	20%	当期闲置资金×当期利率	月末计算上报，季末、年末考核	期末财务报表	稽查室
	公司预算执行率	15%	（公司实际发生的费用－预算费用）/预算费用×100%	月末计算上报，季末、年末考核	期末财务报表、年初预算数据	稽查室
	实际发生费用与预算的差异率	15%	（实际费用－预算费用）/预算费用×100%	月末计算上报，季末、年末考核	期末财务报表、年初预算数据	稽查室

续表

指标类别	指标名称	系数	计算公式	考核频次	数据来源	归口部门
客户满意	内部客户满意度	5%	内部客户满意度调查问卷	年末考核	相关部门	人力资源部
内部管理	完成财务报表的准时率	15%	准时完成的财务报表数量/需提交财务报表总数	年末考核	财务部	稽查室
	审计调整分录的数量	15%	审计师对会计分录的调整数量	年末考核	稽查室	稽查室
	治安、消防、信息安全	5%	治安、消防、信息安全工作考核	年末考核	稽查室	人力资源部
员工培养	获得专业资格的员工数	5%	本部门获得相关专业资格的员工数量	年末考核	财务部	人力资源部
	员工满意度	5%	员工满意度调查问卷	年末考核	该部门员工	人力资源部

4. 制定评价标准

在构建好评价指标体系后，对指标体系中的各项指标的评分标准进行认真分析，并充分与被评价员工进行沟通，考核标准的合理性决定了评价结果的有效性，对评价的公平性与客观性有着极大的影响。

5. 衡量实际绩效

按照评价指标体系整理收集被评价员工的有关指标信息，计算得出各项指标的实际数值。

6. 反馈评价结果

完成绩效评价后，及时将评价结果反馈给被评价员工或团队，一方面是要得到考核对象的认可，另一方面也给相关部门和人员改进工作提供依据。

7. 评价结果用于人力资源决策

评价结果可用作人力资源部门对员工加薪、升职等的依据，也可作为工作岗位调动、制定人事培训计划的参考。

8. 制定绩效改进计划

根据绩效评价结果，明确下一步工作的改进目标，及时调整工作计划，督促员工或团队在下一个工作阶段中有效落实制定的工作计划，并取得更优的工作绩效。

三、实训内容

（1）学习评价工作的理论知识。

（2）学习评价工作的标准和步骤。

（3）运用圆通工作能力训练平台进行评价工作规范训练和测试。

（4）构建评价指标体系，对个人一学期的学习成果进行评价。

（5）汇报学习评价工作标准后对评价工作的认识。

四、实训操作步骤

评价既意味着一项工作的结束，也标志着新阶段工作的开始；既是工作总结，也是对工作结果的认可、奖励、处罚和改进。科学的评价工作主要包括6个步骤：

（1）根据整体工作目标，熟悉工作计划要求。

（2）收集整理工作资料，制定评价工作方案。

（3）研究工作执行过程，总结目标完成情况。

（4）结合管理标准要求，评价团队工作效率。

（5）结合技术标准要求，评价团队工作质量。

（6）结合工作标准要求，做出全面评价报告。

评价工作环节参与的工作人员主要有安排工作者、接受工作者、执行工作者；工作地点有安排单位地址、接受单位地址、执行单位地址；工作单位有安排任务单位、接受任务单位、执行任务单位；评价工作需要或产生的工作资料包括工作目标、工作计划、评价工作方案、工作资料、评价工作会议记录、工作总结、管理标准、工作效率统计、技术标准、工作质量统计、工作标准、评价报告等。

对工作进行客观评价，同时改进工作方法，修订工作计划，对提高个人和团队工作业绩有重要意义。评价工作标准的训练步骤及内容如表1.17所示。

表1.17　评价工作标准训练内容

工作流程	工作要求	工作人员	工作时间	工作地点	工作单位	工作资料
根据整体工作目标，熟悉工作计划要求	完整性	安排工作者	计划时间	安排单位地址	安排任务单位	工作目标
						工作计划

续表

工作流程	工作要求	工作人员	工作时间	工作地点	工作单位	工作资料
收集整理工作资料，制定评价工作方案	必要性	安排工作者	计划时间	安排单位地址	安排任务单位	评价工作方案
						工作资料
研究工作执行过程，总结目标完成情况	正确性	安排工作者	计划时间	安排单位地址	安排任务单位	评价工作会议记录
		接受工作者				工作总结
		执行工作者				
结合管理标准要求，评价团队工作效率	真实性	安排工作者	计划时间	安排单位地址	安排任务单位	管理标准
						工作效率统计
结合技术标准要求，评价团队工作质量	正确性	安排工作者	计划时间	安排单位地址	安排任务单位	技术标准
						工作质量统计
结合工作标准要求，进行全面评价报告	完整性	安排工作者	规定时间	安排单位地址	安排任务单位	工作标准
		接受管理者		接受单位地址	接受任务单位	评价报告
				执行单位地址	执行任务单位	

五、实训案例

×××酒店是一家集餐饮与住宿为一体的综合型民营企业，经营状况一直比较稳定，但近年来随着市场竞争的日益激烈，企业效益逐渐下滑，为此企业决策层决定改变传统的管理模式,采取绩效管理方式,激励员工更好地履行工作职责,提高各部门经营业绩,最终实现酒店的经营目标,使酒店达到最佳的运营状态。请结合实训内容进行思考:如何围绕企业经营目标制定绩效评价机制,以及如何合理应用评价结果?

六、实训成绩评价

(1) 课堂出勤率(20%)。

(2) 评价工作标准考核成绩(30%)。

(3) 编制具体评价指标体系,对学习成果进行综合评价,形成评价报告(个人或小组作业,50%)。

第二章　行政工作能力训练

【导引案例】

建筑专业的小王大学毕业后应聘到×××建筑有限责任公司工作，被安排在综合办公室岗位。办公室的刘主任向他介绍本部门的工作内容：公司办公用品的采购、主持召开公司各种会议、起草部门工作报告、公司固定资产管理等等。上班没几天，公司要召开年度工作总结大会。办公室工作人员忙着制定会议方案、布置会场、起草本部门年度工作总结……小王看着忙碌的大家，感觉自己帮不上忙。小王想如果在学校期间能够有这些行政工作能力方面的训练就好了，比如：如何制定会议方案、办公用品的采购流程是什么、部门工作报告如何起草、固定资产日常如何管理、企业的环境保护及生产安全如何保障等等。本章内容主要为培养学生行政工作能力。

行政工作能力训练是圆通制岗位工作标准训练课程中的一部分，主要介绍了学生在工作体验过程行政岗位的工作内容，包括40余项典型工作和工作标准。通过训练，使学生掌握行政岗位典型工作标准，熟悉行政岗位技术标准和管理标准，能够运用工作标准统筹安排工作流程、工作人员、工作时间、工作地点、工作单位、工作资料，帮助学生建立目标导向的思维方式，养成按照工作标准做事的行为习惯，促进应用型行政管理专业人才的培养。

第一节　会议方案制定工作能力训练

“凡事预则立，不预则废”，企业作为一个经济组织，其日常运转都要按照一定的规律进行，所做工作要具有前瞻性、规划性和针对性。会议作为企业日常运转中最常见的一环，其中包括商务会议、展销会议、表彰会议、企业例会等多种形式。会议方案是企业开展某项专属会议之前，对会议各项要素做好充足的准备，为各类会议的成功举办所提供的书面预演，使会议实践做到有章可循，确保各类会议顺利召开。

一、实训能力目标

在会议方案制定实训过程中，加深对会议方案的特点、要素、格式等相关知识的理解。通过会议方案制定工作能力训练标准，掌握会议方案制定的工作思路、工作流程、工作内容和规范要求；掌握会议方案制定过程的时间节点、实施地点、职责分工等有关规定。通过训练，掌握企业会议方案制定的基本规则和方法，能够根据会议的种类制定出合适的方案，保障企业会议的正常开展。

二、实训理论基础

（一）会议方案的定义和特征

1. 会议方案的定义

会议方案是公务文书的一种，是指在会议召开之前对会议各构成要素之间所做出的详细、周密、系统的书面计划，一般包括明确会前材料、细化会务流程、制定会务预算、落实责任要求等，确保会议能够顺利举行，获得良好预期效果。

2. 会议方案的特征

(1) 前瞻性：会议方案的制定是接受到召开会议的指令、在会议召开之前制定的，根据会议召开的背景、规模、目的来明确会议日程安排、场地选择、预期效果等，会议所有工作都要提前做出计划。这种计划不仅要凭借经验，而且要根据会议实际情况的需要做出具体安排。

(2) 全面性：会议方案的制定是在接收到上级领导准备召开会议的指示后，对会议的会前、会中以及会后全过程给出相关的计划，并且对会议过程中每一项工作必须做到责任明确到人、工作明确到岗，以确保会议的整个过程都有章可循。

(3) 规范性：会议是一种有目的、有计划的组织活动，是在规定的时间和地点，按照一定的程序进行的。虽然会议的种类很多，但是都有各自的规定程序，在制定会议方案时要杜绝随意性，应根据实际情况按照惯例合理地安排会议各项工作。

(4) 审批性：办公室工作人员在完成会议方案起草之后，要在第一时间报送主要领导审批，以确保会议时间、规模、议程、预算、分工等是否合适，只有在领导审核批准之后才能印发会议方案。

（二）会议方案的结构

1. 标题

简短明确，锚定会议主题。

2. 会议背景

简要说明会议召开的原因、目的。

3. 方案内容

明确会议时间、规模、地点、主持人、参会人、预算、议程等。

4. 保障要求

明确工作分工，并对会议过程提出明确要求。

（三）行文要求

1. 科学统筹，全盘谋划

会议方案作为具有统筹性、指导性的事前计划，需要全方位、全过程、全覆盖、全链条地谋划各项工作，确保会议方案内容的完整性、行文逻辑的连续性、工作衔接合的理性、人员分工的明确性。

2. 细化分工，责任具体

会议的顺利召开会涉及多个部门之间协同合作，工作细节千头万绪，因此在会议方案中应当考虑周全，合理安排会议过程的各项细节工作，切实明确各项工作负责人、工作标准、完成时限等。

3. 留有空间，随机应变

为防止会议召开过程中意外情况的发生，在制定会议方案时，既要把各项工作事项考虑到位，精确计算时间，人员安排到位，还要为各项工作留有一定空间，如安排机动人员、留有机动时间等。如确有必要，准备一套备用方案。

（四）会议方案模板

公司年度会议方案的制定要根据公司董事会要求，进一步实现公司年度任务目标，必须结合公司实际制定本会议方案。

（1）会议时间；

（2）会议地点；

（3）会议主持人；

（4）参会人员（当有组织外人员参会时候，按照职务高低排列在本组织人员之前；组织内部人员按照职务高低依次排列）；

（5）会议日程；

（6）会议预算（表 2.1）。

表 2.1　会议预算

序号	事　　项	预　　算(元)	备　　注
1	资料费		各项材料单价、数量
2	场地费		场地单价、使用天数
3	交通费		各类交通人员、费用
…	…	…	
	合计		

注:预算要尽可能覆盖到会议的各个方面,坚持能省则省、该花必花、花小钱办大事的原则。

(7) 工作分工(表 2.2)

表 2.2　会议工作分工

序号	工作组别	牵头部门	责　任　人
1	资料组	办公室	
2	宣传组	外联部	
3	接待组	后勤部	
…	…	…	…

注:务必保证每一项工作落实到每一个部门,并明确责任人。同时,预留机动组,以满足会议临时机动要求。

三、实训内容

(1) 会议方案制定标准含义和相关基础知识。
(2) 会议方案制定标准流程思维导图训练。
(3) 运用圆通工作能力训练平台通过会议方案制定工作规范训练和测试。
(4) 分组编制会议方案,确保方案具有及时性和准确性。

四、实训操作步骤

(1) 根据会议方案制定中实训工作的需要,准备电脑和相应实训软件。
(2) 开展会议方案制定训练计划。
(3) 开展会议方案制定训练思路。
(4) 开展会议方案制定训练工作标准。
(5) 熟悉会议方案制定工作标准,在教师规定的时间内完成该工作标准考核。
(6) 保存成绩,完善相关工作模块的制定。

(7) 根据所掌握的会议方案制定标准,完成相关表格的制定(表 2.3)。

表 2.3 会议方案制定工作实训标准

工作流程	工作要求	工作人员	工作时间	工作地点	工作单位	工作资料
接受编写方案任务,熟悉会议目的内容	完整性	办公室主任	规定时间	行政办公室地点	行政办公室	召开会议决定
		文字综合岗				会议需要资料
拟定会议名称标题,阐明会议目的的议题	正确性	办公室主任	即时	行政办公室地点	行政办公室	明确会议目标
		文字综合岗				会议背景资料
界定会议规模范围,拟定会议召开的地点和时间	可行性	办公室主任	即时	行政办公室地点	行政办公室	会议环境要求
		文字综合岗		会场		会议预算资料
拟定会议议程、日程、前后文件资料	正确性	办公室主任	即时	行政办公室地点	行政办公室	会议议程要求
		文字综合岗				会议资料清单
会议报到地点、时间、食宿服务安排	完整性	会议服务岗	即时	行政办公室地点	行政办公室	会议方案预演
		文字综合岗		会场		会议服务要求
其他会议事项说明方案,报送/呈送领导审批	可行性	办公室主任	规定时间	行政办公室地点	行政办公室	会议方案(草定)
		公文管理岗				会议方案(审定)

五、实训案例

××食品有限责任公司 2022 年度年会策划方案

2022 年即将结束，公司马上迎来崭新的一年，为展现公司发展良好态势，增进员工之间的友谊，增强公司凝聚力，拟定于 2022 年 12 月 31 日举办“牵手美好、共创未来”的联欢会，答谢全体员工一年来辛勤的工作和努力的付出，结合公司实际，特制定本方案。

（一）年会主题

牵手美好、共创未来

（二）年会时间

2022 年 12 月 31 日 14:30—20:00

（三）年会地点

新世纪大酒店宴会厅

（四）参会人员

企业全体员工（150 人）、供应商代表（15 人）、销售商代表（15 人）、特邀嘉宾（10 人）。

（五）主持人

张×× （市电视台主持人）

（六）会议流程

（1）14:30—14:50：在会场入场处签到。
（2）15:00—16:00：部分代表现场进行 2022 年度述职。
（3）16:10—16:30：宣布并表彰 2022 年度优秀部门及先进个人。
（4）16:30—17:00：公司董事长总结发言。
（5）17:10—18:30：文艺表演及游戏（过程穿插抽奖环节）。
（6）18:30—20:00：晚宴。
（7）20:00—22:00：散场结束。

（七）任务分工

表 2.4　会议任务分工

序号	任　务	责任单位	完成时限
1	确定到场嘉宾	销售部	2022 年 12 月 15 日
2	嘉宾接送及住宿	后勤保障部	2022 年 12 月 20 日
3	会场安排	行政办公室	2022 年 12 月 10 日
4	餐饮预定	后勤保障部	2022 年 12 月 10 日
5	奖品订购	行政办公室	2022 年 12 月 20 日
6	年会礼品	采购部	2022 年 12 月 15 日
7	会前资料准备	行政办公室	2022 年 12 月 10 日

（八）活动预算

表 2.5　会议活动预算

序号	项　目	数　量	预　算(万元)
1	会场场地费	1 天	1.2
2	餐饮费用	20 桌	4
3	赠送礼品费用	200 份	2
4	奖品费用	15 份	0.9
合　　计			8.1

（九）工作要求

年会是公司一年一度的重大活动，时间紧、任务重、要求高，公司各部门要高度重视，精心准备，确保年会高质量开展。

(1) 明确责任分工，压紧压实责任。各部门要严格按照方案要求，在规定时间内按照高标准把各项工作落实到位。

(2) 加强宣传报道，营造浓厚氛围。充分利用公司网站、微信公众号以及短视频平台，大力宣传报道，宣传公司良好形象，营造良好干事创业氛围。

(3) 精心组织策划，强化协调配合。各部门之间要把做好年会筹备工作作为一项重要任务，做到认真谋划、主动担当、强化合作，确保各项工作落实落细。

六、实训成绩评价

(1) 课堂出勤率(20%)。
(2) 会议方案制定工作能力训练考核成绩(30%)。
(3) 编制会议方案制定(个人或小组作业,50%)。

第二节　公文处理工作能力训练

公文处理工作是指完成单位公文收发、管理、立卷、归档等一系列相互关联、有序衔接的工作规范。通过训练能够圆满完成公文的处理工作,并能够向上级提供合理化建议。

一、实训能力目标

在公文处理工作实训过程中,理解公文处理工作的流程及内容和规范要求,了解办公室主任岗、公文管理岗、档案管理岗以及相关人员的工作内容及职责。通过公文处理工作标准训练,掌握公文处理工作的流程、内容和规范要求;掌握办公室主任岗、公文管理岗、档案管理岗以及相关人员的工作内容及职责;掌握公文处理工作中各个环节的时间节点、实施地点;掌握公文处理工作中各个环节需要准备的资料以及相应工作预期成果等。

二、实训理论基础

(一) 公文处理工作标准

公文处理工作标准是指完成单位收发文办理、管理、立卷、归档等一系列相互关联且有序衔接的工作规范,详细包含公文处理工作标准表和公文处理工作标准所需资料表(表 2.6,表 2.7)。

表 2.6　公文处理工作标准

类　别	内　容
工作核心标准	完成公文处理工作
工作开始时间	规定时间

续表

类　　别	内　　容
工作结束时间	规定时间
相关工作地点	行政办公室地址
相关工作单位	相关部门、行政办公室、档案室
相关工作人员	公文管理人员、办公室主任、公文相关人员、档案管理员
备　　注	

表 2.7　公文处理工作标准所需资料

资料类型	编码	资料名称	单位	原件数	复印数
事前准备资料	01	公文处理岗位职责	份	1	0
	02	公文管理制度	份	1	0
事中产生资料	03	公文处理目标	份	1	0
	04	公文处理管理制度	份	1	0
	05	收文处理办结回告	份	1	0
	06	收文签收登记簿	份	1	0
	07	签收文件	份	1	0
	08	签发文件	份	1	0
	09	发文处理过程资料	份	1	0
	10	发文登记簿	份	1	0
	11	工作改进意见	份	1	0
	12	公文处理合理化建议	份	1	0
事后结果资料	13	公文立卷归档	份	1	0
技术要求资料	14	《党政机关公文处理办法》	份	1	0
	15	《文秘文员岗位培训手册》	份	1	0

（二）公文管理制度

公文管理制度是指行政办公室为做好企业公文管理工作而制定颁布的企业内部公文管理制度，以便在公文管理过程中有章可循。所以公文管理工作的第一流程即为建立公文管理制度，明确公文处理岗位职责。

（三）公文处理岗位职责

公文处理岗位职责是指行政人员在制定公文管理制度的同时，明确公文处理主管岗位以及相关责任岗位的岗位职责，让相关工作人员明确知道要干什么、怎么干，才能做好公文处理工作。

（四）公文处理目标

公文处理是一个过程，是指公文收发单位的工作人员用特定的方法处理公文，使之符合有关规定和收发文单位的要求。它包括公文拟定、办理、管理、收集、整理、归档等一系列衔接有序的工作。

公文办理分为收文办理和发文办理两个过程。收文办理包括公文的签收（含拆封、清点、分类）、登记、拟办、送批、批办、分发、传阅、承办、催办、办复、收集整理、归档等 12 个程序；发文办理包括公文起草（含修改、协调）、校核、会签、签发、复核、登记、印制（排版、校对、装订）、分发、收集整理、归档等 10 个程序。

发文处理过程如下：

（1）发文稿件的草拟、稿件的协调修改、稿件的校正核定。

（2）主管领导签发稿件、相关部门领导会签稿件、拟定主题词。

（3）确定发文字号、发文登记簿登记记录。

（4）打字稿件发文、打字校正稿件发文、文件缮印、文件加盖印章。

（5）封发文件发文、特快专递单、发文登记簿签收。

（6）资料的收集、整理和归档。

（五）收文处理办结回告

收文处理办结回告是指在收文处理过程中，对于收到的上级部门、政府部门、下级部门、外部其他单位要求办理答复的公文，不但要完成收文的登记、分发，还要依据来文办理答复，或者移交主管部门或经办人员办结回告，或者亲自督促办结并将结果回告。

三、实训内容

（1）公文处理工作标准含义和相关基础知识。

（2）公文处理的标准流程思维导图训练。

（3）运用圆通工作能力训练平台进行公文处理工作规范训练和测试。

（4）分组编制“收文处理办结回告登记”和“发文处理登记”，且注意及时性和准确性。

四、实训操作步骤

（1）根据公文处理实训工作需要，准备电脑和相应实训软件。

（2）开展公文处理工作计划训练。

(3) 开展公文处理工作思路训练。

(4) 开展公文处理工作标准训练。

(5) 熟悉公文处理工作标准，在教师规定时间内完成该工作标准考核。

(6) 保存成绩，完善公文处理工作标准模块。

(7) 根据所掌握的公文处理工作标准(表 2.8)，编制案例公文处理登记簿。

表 2.8　公文处理工作实训标准

工作流程	工作要求	工作人员	工作时间	工作地点	工作单位	工作资料
建立公文管理制度，明确公文办理岗位	可行性	公文处理岗	规定时间	行政办公室地址	行政办公室	公文管理制度
		办公室主任				公文处理岗位职责
区分公文内容类别，确定文件办理流程	正确性	公文处理岗	即时	行政办公室地址	行政办公室	公文处理目标
						公文处理管理制度
按照规定收文登记、分发传阅、催办、办结	及时性	公文处理岗	计划时间	行政办公室地址	行政办公室	收文签收登记簿
		公文相关人员			相关部门	签收文件
						收文处理，办理回告
发文起草校核审批，完成发文办理工作	合理性	公文处理岗	计划时间	行政办公室地址	行政办公室	发文处理过程资料
		办公室主任			相关部门	签发文件
						发文登记簿
发挥公文信息作用，做好参谋协调服务	正确性	公文处理岗	计划时间	行政办公室地址	行政办公室	公文处理合理化建议
						工作改进意见

续表

工作流程	工作要求	工作人员	工作时间	工作地点	工作单位	工作资料
依据公文类型特点，即时定期立卷归档	完整性	公文管理岗	规定时间	行政办公室地址	行政办公室	公文立卷归档
		档案管理岗			档案室	

五、实训案例

×××食品有限公司公文处理登记簿

（一）收文处理回告登记簿

收文处理回告登记簿如表 2.9 所示

表 2.9　×××食品有限公司行政办公室收文处理及办结回告登记簿

序号	收文日期	收文名称	要求回复事项	承办部门	办结回告	回告日期
1	2022 年 9 月 16 日	原材料供应商确定通知	签订原材料供应商业合同	采购部门	确认已签订合同	2022 年 9 月 19 日
2	2022 年 10 月 25 日	腾讯云与集团合作文件	×××集团与腾讯云合作合同	公关部门	确认签订合同	2022 年 11 月 26 日
3	2022 年 11 月 27 日	阿里巴巴公司订单文件	关于产品损坏问题	销售部门	确认产品已补	2022 年 11 月 30 日
4	2022 年 12 月 19 日	LH 厂房维修工程	工程款付款	财务部门	款项已支付	2022 年 12 月 20 日
5	2022 年 12 月 30 日	LH 房屋租赁合同通知	房屋到期是否续约	财务部门	续约已付款	2023 年 1 月 2 日
6	2023 年 1 月 8 日	经销商解约合同通知	经销商要求解约	法律部门	合同已解约	2023 年 1 月 13 日
7	2023 年 3 月 14 日	物业公司整改通知	安全隐患整改通知	工程部门	整改已完成	2023 年 3 月 20 日

（二）发文处理登记簿

发文处理登记薄如表 2.10 所示。

表 2.10 好味道食品有限公司行政办公室发文登记簿

序号	发文机关/部门	文件字号	标题内容	份数	收文单位	签收人	日期
1	财务处	好味道发[2022]01 号	第一次预付款申报表	2	监理部	蒋刚	2022 年 3 月 13 日
2	董事会	好味道发[2022]02 号	人员调动名单	3	人事处	赵丽	2022 年 5 月 20 日
3	研发部	好味道发[2022]03 号	关于新产品原材料购入	2	采购处	丁珊	2022 年 8 月 05 日
4	采购处	好味道发[2022]04 号	8 月份原材料采购款项	2	财务处	王力	2022 年 9 月 05 日
5	设计部	好味道发[2022]05 号	关于产品包装整改通知	4	宣传处	张山	2022 年 10 月 23 日
6	销售部	好味道发[2022]06 号	关于产品产销不平衡问题	3	生产部	刘琪琪	2022 年 11 月 11 日
7	生产部	好味道发[2022]07 号	关于设备维修通知	5	维修部	郑莉莉	2022 年 12 月 21 日

第三节 起草部门工作报告工作能力训练

工作报告是指向上级机关汇报工作情况、做法、经验以及问题的报告。工作报告主要是在汇报例行工作或临时工作情况时使用，是报告中常见的一种，是通过组织部门总结回顾上一年工作，部署新一年工作的重要文稿。起草工作报告是办公部门难度较大、要求较高、时间较长的公文处理工作之一。

一、实训能力目标

通过起草部门工作报告工作标准训练，掌握起草部门工作报告各步骤的时间安排、实施地点、职能部门、工作资料的有关规定，掌握起草部门工作报告的流程、工作内容和工作要求，掌握部门领导、办公室主任、办公室文秘、相关管理岗位人员的工作内容及职责，掌握起草部门工作报告各个步骤需要准备的资料以及相应的工作成果。通过训练，掌握工作报告的基本结构，能够结合专业知识撰写一份符合实际情况的工作报告。

二、实训理论基础

（一）工作报告的概念

工作报告是指向上级机关汇报本单位、本部门、本地区工作情况、做法、经验以及问题的报告。工作报告主要是在汇报例行工作或临时工作情况时使用，是报告中常见的一种。

工作报告的内容主要是向上级汇报工作，其表达方式具有叙述性和解释性的特点。在语言运用上要突出陈述性，把事情讲清楚，充分体现内容的真实性和材料的客观性。一般来说是下级机关向上级机关提交文件，为上级机关的宏观领导提供依据，一般不需要受文机关的批准，属于单向报告。

（二）工作报告的框架

(1) 开头：不要越界、要合时宜、突出工作重点、突出得奖。

(2) 过去一年的总结：添加原则性、要求性内容以及去年完成什么工作、有什么成效。

(3) 过去一年工作中存在什么问题。

(4) 下一步工作计划。

（三）工作报告模板

关于____（事由）的报告（此为报告的标题，一般由事由组成）

__________（主送机关）：

__________年，在__________的正确领导下，在__________的大力支持下，在__________的共同努力下，__________工作取得了显著成绩，现将情况报告如下：

（1）____

____

____。（成绩 1）

（2）____

____

____。（成绩 2）

（3）____

____

____。（成绩 3）

上述成绩的取得是______正确领导和______大力支持的结果，也是各级部门团结创新的结果。回顾一年来的工作，主要有以下几方面的体会：

（1）____

____

____。（体会 1）

（2）____

____

____。（体会 2）

（3）____

____

____。（体会 3）

综上所述，虽然取得了一些成绩，但与上级领导的要求还有很大差距，主要存在以下问题：

（1）____

____

____。（问题 1）

（2）____

____

____。（问题 2）

（3）____

____

____。（问题 3）

今后要____________________：

（1）____

____

____。（今后意见 1）

（2）____

____

____。（今后意见 2）

（3）____

____

____。（今后意见 3）

特此报告。

三、实训内容

（1）掌握起草部门工作报告的流程、内容和要求。

（2）熟悉部门领导、办公室主任、办公室文秘、相关管理岗位人员的工作内容及职责。

（3）掌握起草部门工作报告中各步骤的时间节点、实施地点、职能部门的有关规定。

（4）掌握起草部门工作报告各个步骤需要准备的资料以及相应的工作预期成果。

四、实训操作步骤

（1）根据起草部门工作报告实训工作需要，准备电脑和相应实训软件。

（2）开展起草部门工作报告计划训练。

（3）开展起草部门工作报告思路训练。

（4）开展起草部门工作报告标准训练。

（5）熟悉起草部门工作报告标准，在教师规定时间内完成该工作标准考核。

（6）保存成绩，完善起草部门工作报告标准模块。

（7）根据所掌握的起草部门工作报告标准（表 2.11），编制案例部门工作报告。

表 2.11　起草部门工作报告实训标准

工作流程	工作要求	工作人员	工作时间	工作地点	工作单位	工作资料
明确工作报告名称，领会领导报告精神	及时	办公室主任	规定时间	办公地址	行政办公室	部门工作报告名称
		部门领导				
		办公室文秘				
拟定工作报告提纲，报告提纲讨论审批	可行	办公室主任	计划时间	办公地址	行政办公室	部门工作报告提纲
		办公室文秘				
		部门领导				

续表

工作流程	工作要求	工作人员	工作时间	工作地点	工作单位	工作资料
进行必要调查工作，收集相关数据资料	真实	办公室文秘	计划时间	办公地址	行政办公室	工作报告相关资料
		相关部门管理岗		相关部门地址	相关部门	
起草部门工作报告，组织报告讨论修订	可行	办公室主任	计划时间	办公地址	行政办公室	部门工作报告（初稿）
		办公室文秘				
领导对工作报告稿件的审核，依据审核意见修订	正确	办公室主任	规定时间	办公地址	行政办公室	领导指示修改意见
		办公室文秘				修改完成的工作报告
		部门领导				
部门工作报告打印，呈送领导会议准备	完整	办公室主任	规定时间	办公地址	行政办公室	部门工作报告（定稿）
		办公室文秘				
		部门领导				

起草部门工作报告与实施实训中概念解释如下：

(1) 部门工作报告名称：该工作标准的核心目标是办公室主任或办公室文秘为本部门领导起草本部门工作报告，需要明确工作报告名称以及领导所要阐明的主要精神。

(2) 部门工作报告提纲：文秘岗或行政办公室主任岗在接受起草部门工作报告任务后，依据工作报告的一般行文规范结合本单位的具体情况，拟定出工作报告提纲，并提交领导审阅，组织相关领导讨论，最后取得一致意见。

(3) 工作报告相关资料准备：接受起草工作报告的文秘岗或办公室主任岗依据经领导讨论审批的工作报告提纲，进行必要的调查、搜集相关数据资料。例如年度利润表、资产负债表、产量产值统计表、主要消耗指标、安全指标、成本指标等等经营指标的统计核定资料。

(4) 部门工作报告:办公室文秘岗或办公室主任岗按照经领导讨论审批的部门工作报告提纲与所搜集整理的相关资料,起草出的部门工作报告(初稿)作为组织讨论修订的依据。这是一个典型的事项过程资料。

(5) 领导指示修改意见:接受起草部门工作报告的文秘岗或行政办公室主任将起草并经行政部讨论修改的部门工作报告(初稿)呈报领导审核后,领导做出修改指示及修改意见。

(6) 修改完成的工作报告:受理起草部门工作报告的文秘岗或行政办公室主任岗将起草并经行政部讨论修改的部门工作报告(初稿)呈报领导审核后,领导做出修改指示或修改意见。按照领导的指示修改意见修改完成工作报告。

(7) 部门工作报告(定稿):受理起草部门工作报告的文秘岗或行政办公室主任将起草并经领导最后审核确定的部门工作报告即为定稿。安排打印,以备领导开会使用。

五、实训案例

行政服务部年终总结报告

尊敬的各位领导:

岁末临近,新春将至,不知不觉 2022 年的工作即将告一段落。过去的一年是忙碌而充实的一年,这一年工作中,在公司总部的正确领导下,在各部门的积极配合和同事们的大力支持下,行政服务部有效利用了行政部服务部的工作智慧,按照公司的要求为基层服务,并在领导的辅助下完成了本部门的工作,工作取得了显著成绩,现将情况报告如下:

(1) 办公室的日常管理工作。行政工作是一个企业进行内部与外部沟通、左右协调、联系各方的枢纽。它是推动各项工作实现既定目标的中心。细数行政工作,可以说是数不胜数。有文件处理、档案管理、文件审批、会议和活动安排等,可以处理复杂繁琐的任务。本部门努力强化自身工作意识,注意加快工作节奏,提高工作效率,处理各项事务,力求全面、准确、适度,避免疏漏和差错。

(2) 行政工作紧密围绕年初制定的工作重点,充分结合具体工作实际,不断开拓工作思路,创新工作方法。一年来,行政部门工作方式有了新的突破,工作方式有了重大变化。

有效管理公司的福利和企业管理的日常工作。根据预算审批制度,组织实施公司办公设施、办公用品、劳保福利用品的采购。调配和实物管理工作,联系办公设备维修合作单位,与饮水公司协商优惠条件和礼品。比较办公用品等的采购渠道,找到具有成本效益的供应商。

做好协调工作，行政工作作为后勤服务和办公室协调的核心部门，在精简部门间关系，提高管理效率，保证上传分发等方面具有举足轻重的作用。一年来，行政部门将沟通协调作为开展工作的抓手，在做好文件、会议举办工作的同时，也更注重各部门的配合。

认真做好公司的书面工作。撰写书面文件和报告。负责办公会议的记录，完善会议纪要和要点提炼，并负责执行会议有关决议。认真做好文件的收发，及时传达和落实公司会议文件的指示，对重要文件、资料、批文等进行整理归档，做好数据归档管理工作。

在制度建设方面，配合总部在原有制度的基础上，进一步补充完善各项规章制度，包括财务、售后、行政人事、业务等。并根据企业现状，制定新的规章制度，以适应企业发展的需要。

落实公司人事、劳资管理。组织落实公司的劳务、人事、员工考勤控制和监督工作，按照有关人事规定规范劳动合同管理，做好劳动合同的签订、解除和档案管理工作。依法到劳动管理部门办理就业和社保的各项手续。体现公司的规范化，解决员工关心的问题。

组织并提供公司主管会议及其他部门会议的后勤服务。做好各类会议的会前准备，收集会议资料，整理会议纪要，总结会议要点。

加强部门学习，提高业务水平，部门负责人的素质和工作技能是决定办公室能否正常运转的基础，是发挥“承前启后、内外沟通、左右协调、四方联系”作用的关键，对各项工作起着举足轻重的推动作用。随着时代的发展，我们注重部门内学习，从书本上学习，向其他部门学习，向身边的同事学习。通过不断地学习和积累，我们已经能够从容处理日常工作中出现的各种问题。在组织管理、部门协调等方面有了一定的提高，保证了部门各项工作的正常开展。能够以积极的态度对待各项任务，并努力在实际工作中落实。

综上所述，过去这段时间虽然取得了一些成绩，但是与上级要求和先进单位之间还有很大差距，主要问题如下：

(1) 由于行政管理部门与公司内部各部门之间需要协调，在工作过程中需要进一步提高工作效率。

(2) 有些工作协调不是很有效，在今后的工作中，对问题的研究要更深入细致。

今后要努力做到以下要求：

(1) 本着实事求是的原则。做到上情下达、下情上报，及时了解部门内员工思想动态，正确引导、加强沟通。了解工作进度和问题，及时反馈给总部，以便公司各主管及总经理在此基础上进一步安排交付工作，真正做到好领导的助手。

(2) 注重部门作风建设。加强管理，团结拼搏，营造良好的部门工作氛围。

(3) 在工作中坚持以服务为宗旨。强化后勤人员素质，提高办事效率，不断加强主动服务意识，赋予办公室工作新内涵，持续改善行政部对其他部门的支持和服务水平。

新的一年意味着新的起点、新的机遇、新的挑战。未来行政管理部门将以崭新的工作面貌、更高昂的工作热情和更敬业的工作态度投入到办公室的各项工作中。从小事做起，从服务做起，进一步加强内部管理和后勤服务，为全面推进公司发展提供基础性服务，为实现公司年度总体工作目标发挥行政管理作用。

特此报告。

第四节　企业文化建设工作能力训练

企业文化是组织经过长期实践、逐步积累而形成的群体意识、共同精神和价值观。任何一个企业组织的良好运行和发展，都得益于企业文化的凝聚作用。企业文化是企业的无形资产，是企业用之不竭的财富。企业文化建设是企业培养核心竞争力的需要，在企业发展中具有极为重要的意义。

一、实训能力目标

在企业文化建设实训过程中，加深对企业文化内涵、企业文化功能、企业文化创新、企业文化建设等相关知识的理解。通过企业文化建设工作标准训练，掌握企业文化建设的工作思路、工作流程、工作内容和规范要求；掌握企业文化建设过程中的时间节点、实施地点、岗位职责等有关规定。通过训练，掌握企业文化建设的基本路径和方法，结合专业知识能够构建和培育传递正能量的优秀企业文化，提高企业的软实力和核心竞争力。

二、实训理论基础

（一）组织文化的概念及其特征

1. 组织文化的含义

(1) 广义的文化是指人类社会历史实践中所创造的物质财富和精神财富的总和。

(2) 狭义的文化是指社会的意识形态以及与之相适应的制度和组织机构。

(3) 组织文化是指组织在长期的实践活动中所形成的具有本组织特征的文化

现象,是组织中的全体成员共同接受和共同遵循的价值观念和行为准则。

2. 组织文化的特征

(1) 超个体的独特性。

(2) 相对稳定性。

(3) 融合继承性。

(4) 发展性。

(二) 组织文化的结构

1. 组织文化结构

物质层(表层文化)、制度层(中层文化)和精神层(核心文化)。

2. 组织文化内容

组织的价值观、组织精神和伦理规范。

(三) 组织文化的功能与塑造

1. 组织文化的功能

导向功能、凝聚功能、激励功能、辐射功能和调适功能。

2. 组织文化的形成

(1) 管理者的倡导。

(2) 组织成员的接受:“社会化”与“预社会化”。

3. 组织文化的塑造途径

(1) 确立正确的组织价值观。

(2) 强化员工的认同感。

(3) 提炼定格。

(4) 巩固落实。

三、实训内容

(1) 企业文化建设的基本方法和工作标准。

(2) 企业文化建设的基本流程和战略思维。

(3) 运用圆通工作能力训练平台进行“企业文化建设”规程训练和测试。

(4) 分组编制一份企业文化建设的方案,要求方案具有完整性和可行性。

四、实训操作步骤

(1) 根据企业文化建设实训工作需要,准备电脑和相应实训软件。

(2) 开展企业文化建设工作计划训练。

(3) 开展企业文化建设工作思路训练。

(4) 开展企业文化建设工作标准训练。

(5) 熟悉企业文化建设工作标准,在教师规定时间内完成该工作标准考核。

(6) 保存成绩,完成企业文化建设工作标准模块。

(7) 根据所掌握的企业文化建设工作标准,编制案例企业文化建设方案(表 2.12)。

表 2.12　企业文化建设工作实训标准

工作流程	工作要求	工作人员	工作时间	工作地点	工作单位	工作资料
熟悉企业工作目标,分析文化现状	正确	办公室主任	规定时间	办公地址	行政办公室	企业发展目标
		内刊编辑岗				企业工作方案
进行企业文化调查,编制企业文化方案	可行	内刊编辑岗	计划时间	办公地址	行政办公室	文化调查报告
		办公室主任				文化建设方案
发掘企业文化元素,突出企业文化特色	正确	内刊编辑岗	计划时间	办公地址	行政办公室	开展文化活动
						企业文化成果
吸收其他先进文化,丰富企业文化内涵	可行	信息管理岗	计划时间	办公地址	行政办公室	开展文化活动
		内刊编辑岗				吸收文化成果
强化企业形象管理,促进企业文化创新	真实	内刊编辑岗	计划时间	办公地址	行政办公室	企业文化活动

续表

工作流程	工作要求	工作人员	工作时间	工作地点	工作单位	工作资料
开展企业文化评估，持续企业文化建设	完整	办公室主任	规定时间	办公地址	行政办公室	企业文化评估
		内刊编辑岗				

1．企业发展战略

企业要做强做大，必须重视并培育自己的企业文化。企业文化与企业战略是相辅相成的关系。没有企业文化支撑的战略，缺少了精神与灵魂，难以长久发展；没有企业战略引导的文化，缺乏了目标和追求，会成为无源之水。

例如，华为企业的战略“以客户为中心”，客户的需求是华为发展的原动力，为客户服务是华为存在的唯一理由。华为公司的使命是：聚焦客户关注的挑战和压力，提供有竞争力的通信解决方案和服务，持续为客户创造最大价值。华为公司的愿景：丰富人们的沟通和生活。华为秉承“以客户为中心”，基于客户需求，逐步建立在电信网络、全球服务和终端三大业务领域的综合优势，为客户提供云端产品和解决方案，提高运营商的收益（ARPU）提升带宽竞争力（bandwidth）和降低总体成本（cost），实现商业成功。

2．企业经营理念

企业经营理念是指企业在实现经营战略目标的过程中、在不断发展巩固过程中所遵循的方针、原则、措施等，经营理念是构成企业文化的重要内涵。

我国著名的中医药老字号企业-同仁堂，其经营理念是“诚信为本，药德为魂”。其具体体现是以患者为中心的“以义取利，义利共生”的经营原则。同仁党的创业者尊崇“可以养生、可以救世者，唯医药为最”，把行医卖药作为一种救世养生、效力于社会的高尚事业来做。同仁党恪守“炮制虽繁必不敢省人工，品味虽贵必不敢减物力”的传统古训，树立“修合无人见，存心有无知”的自律意识，形成了以“仁”为核心的价值观和“德、诚、信”的企业文化，生产了令广大消费者放心的精良药品。

3．企业文化调查报告

企业文化调查报告是指对企业现有文化现状调查而获得的第一手资料。对企业文化的现状进行全面调研分析，了解企业文化的特质和诉求。有了这个资料，就可以根据企业文化存在的内涵，结合企业经营发展目标、企业工作方案，制定企业文化建设方案。

(1) 调研手段：案头研究、深入访谈、调查问卷、案头分析。

(2) 调研思路：信息收集、研究分析（定性、定量、专业工具）、问题总结、诊断建议。

4．企业文化建设方案

企业文化建设方案是指企业为了培育和丰富企业文化而制定的文化建设方案。例如创业者认识到培育企业文化的重要性，企业的战略目标已基本确定，将建设配合实现企业战略目标的企业文化列入日常重要工作，并安排专人编制拟定培育企业文化方案、计划，经审阅可行后付诸实施。企业文化的宣传载体有如下几个方面：

（1）企业文化宣传手册：以企业文化理念内容为核心编纂和设计，易读性高、美观度佳的企业手册，作为企业文化体系规范内容的传播载体，便于内部了解和学习。

（2）企业文化海报、宣传栏、文化墙：以企业文化理念为核心，设计宣传栏、文化墙，用于企业办公、生活环境的布置，加强企业文化学习，同时也是企业文化宣传的重要窗口。

（3）企业吉祥物：企业文化传播卡通画，企业文化精神气质形象化，企业文化内涵表达生动化，有利于拉近距离，提升企业的亲和力。

（4）企业文化故事集：围绕企业文化内涵和特质，对于能够体现企业文化内涵的典型事件进行汇总，系统化宣传企业内部优秀的故事和重要事件，为文化传播提供载体，便于理解。

（5）企业文化宣传片：通过视频的方式讲述企业故事，展示企业的价值和形象，对内贯宣、对外传播。深入把握企业发展历程，洞察文化特质，讲述文化故事，展示文化特色。

（6）企业文化展厅：打造企业文化与形象的展示空间，采用视频、音乐、实物、画卷等生动化、形象化的方式传递企业文化内涵，加强企业文化的传播力度，提高品牌知名度。

5．企业文化成果

企业文化成果是指在企业文化建设过程中，通过调查总结并挖掘企业自有或自创的文化成果，也可以称作企业初期文化培育。

6．文化活动

文化活动是指企业在企业文化建设中，策划、组织、开展的各种形式的具有培育建设企业文化内涵的活动。通过举办各种通俗生动的活动，能够起到寓教于乐，将深刻的道理通俗化，将理念层面的哲学与工作、生活结合起来的作用，从而提高企业整体管理水平，提高企业员工凝聚力。

7．引进文化成果

引进文化成果是指企业文化建设需博采众长，要紧紧把握住先进文化前进的方向。广泛借鉴国内外先进企业的文化成果，大胆吸收和引进其他企业的新思想、新理念和新文化中的先进内容。去其糟粕、取其精华、守正创新、为我所用。

8．企业文化评估报告

企业文化评估是企业文化建设过程中的重要环节。开展企业文化评估工作，建立科学的企业文化评估体系，有助于企业认识自身的文化发展状况，查找企业文化建设存在问题，不断改进和完善企业文化建设，使企业文化真正融入企业和员工的实际工作中去。

五、实训案例

×××企业文化建设方案

（一）文化建设的意义

通过企业文化建设，能使广大员工了解企业的历史使命和战略目标，使个人的思想情感与企业的命运紧密联系起来；营造一种“以人为中心”的良好氛围，产生一种振作精神、奋发有为、开拓创新的良好风气，激发企业成员的积极性和主动性，凝心聚力，创造辉煌。因此，加强企业文化建设，整理和提炼传统文化，升华与创造新的企业文化，显得极其重要。

（二）文化建设的指导思想

根据公司战略发展规划的要求，通过加强企业文化建设，把公司建设成为产品质量可靠、市场信誉度高，具有独特价值精神、独特经营理念和独特视觉形象，使员工充满自豪感和创造力的现代化企业。

（三）文化建设的总目标

结合公司经营发展实际情况，逐步建立适应市场经济发展要求，促进公司长远战略目标实现的企业文化；使员工的利益和公司的目标高度一致，提高员工对企业的使命感和忠诚度，从而增强企业的核心竞争力，实现企业、员工双赢的最终目的。

1．理念文化目标

通过建设全新的企业文化，促进企业经营哲学、企业精神、企业道德、价值观念、全面质量意识、客户服务意识以及员工团体意识等文化内涵的提升。

2．行为文化目标

通过建设全新的企业文化，提高全员的职业道德素养，着力塑造基层员工爱岗敬业的上进心，中层管理者恪尽职守的责任心，决策管理者无私奉献的事业心；不断完善管理制度，提高执行能力，倡导一种全新的组织行为规范，最终实现企业的发展目标。

3．视觉文化目标

通过建设全新的企业文化，打造出品质独特、个性鲜明的企业品牌形象，提高企业视觉文化的冲击力。

（四）文化建设的组织机构

1. 领导小组

组织制定和宣传企业理念文化、行为文化、视觉文化等规范；监督检查工作进程。

组长：×××。

副组长：×××。

组员：×××、×××、×××、×××。

2. 工作小组

编制企业文化建设方案，负责部门之间的组织协调，推广落实文化建设方案以及工作计划。

组长：×××。

副组长：×××。

组员：×××、×××、×××、××。

（五）文化建设的基本内容

企业文化分为三个层面来建设，即表层的物质文化、中层的制度文化和核心层的精神文化(理念文化)：

1. 物质文化

将理念文化等抽象概念转换为具体符号，塑造出独特的企业形象，包括企业名称、企业标志、企业环境、企业文化墙、文化活动中心、办公用品、服装服饰、广告媒体、公务礼品、产品包装、设备布置等。

2. 制度文化

制定完善且符合企业需要的管理制度和行为规范，这是一种来自员工自身以外的、具有强有力的行为规范的要求。其主要包括企业行为规范、组织制度、管理制度、员工培训制度、薪酬奖励制度、员工手册、科技研发、市场营销、公关活动、文体活动等。

3. 精神文化

企业文化核心层，是企业文化的精髓部分，包括核心价值观、经营理念、企业愿景、敬业精神、使命感等。

（六）文化建设的实施

企业文化建设是是一个长期且逐步上升的过程，由企业主要领导示范的、全员参与的价值理念工程，其实施主要分为两个阶段进行：

1. 第一阶段:企业文化的提炼、形成和宣传阶段

(1) 工作时间

2024 年 4 月—2024 年 12 月

(2) 工作内容

人员培训:培训企业文化建设干部,作为企业文化建设的骨干;通过“走出去、请进来”的方式,在 2024 年 6 月底前完成对领导小组成员的培训,使全体领导小组成员充分认识到企业文化建设的重要性,以及了解企业文化建设的工作内容和要求。

编制文化案例:对企业成立的历史资料、领导会议讲话、报告、文章,各部门企业文化建设的已有成果等进行整理、归类;从广大员工干事创业的实践中,挖掘提炼鲜活的典型事迹和案例,以具体生动的方式展示企业文化的基本理念。

制定文化活动计划:开展多层次、多种形式的文化载体建设活动营造有利于企业文化建设的和谐企业环境,丰富员工的业余文化生活,增强企业的文化辐射力。建立健全“一刊一墙一网一中心”,广泛开展员工喜闻乐见的文化实践活动,将企业制度与企业文化融会贯通起来,使制度中有文化,文化中有制度,形式与内容结合,企业与员工互动,不断增强员工的文化认同感。

职能部门分工及任务

各职能部门提炼、形成的企业文化,经领导小组批准后,负责企业文化的推广、考核,具体安排如下:① 总裁办负责企业核心价值观、管理理念、经营方针和合作意识的提炼,管理制度、保障体系、工作流程等制度的制定。② 人力资源中心负责人才价值、用人理念的提炼;制定工作手册、行为规范、岗位职责、薪酬福利、培训教育、绩效考核等各项制度。③ 生产中心负责安全理念的提炼;制定安全生产、文明生产、现场管理、设备管理等规章制度;建立安全生产标识、生产管理标识、设备布置、车间布置等视觉文化。④ 研发中心负责科技创新、产品研发理念的提炼;建立产品标准、工艺流程、质量控制等行为文化和视觉文化。⑤ 营销中心负责经营理念、服务意识的提炼;建立产品说明书、产品包装、品牌推广等视觉文化。⑥ 行政中心负责企业标识、形象环境、服装服饰、供给保障、公关礼仪等视觉文化的建立和推广。

2. 第二阶段:企业文化的巩固和发展阶段

(1) 工作时间

2025 年 1 月—2025 年 12 月

(2) 工作内容

企业高层领导的倡议和支持:高层领导必须以身作则,积极通过各种途径传播企业文化,高层人员应成为企业文化建设的引领者、传播者、示范者、激励者。经常接触员工的企业中基层管理者,是实施和推动企业文化建设的中坚力量,应该成为企业文化建设的楷模和榜样。

企业文化理念的传播和实施：广告部门主要通过产品介绍等方式来提高企业的知名度和美誉度。公关部门以组织内外形象塑造为核心展示企业独特的形象地位。人力资源部对企业文化理念进行详细的诠释，以《工作手册》为蓝本，对新员工和在职员工进行培训，使员工的思维习惯和职业行为在最短的时间内融入公司文化中。在全公司形成理解企业文化、践行企业文化和完善企业文化的浓厚氛围。

创建巩固企业文化的机制：积极营造适应企业文化发展的环境，在企业日常生产经营、研发创新、招聘竞选和业务培训中，都能有意识地宣传倡导、贯彻实践企业文化理念，以形成牢固的企业精神共同体。利用管理制度、行为规范等方式进行强化，将企业文化寓无形于有形之中，使企业的每一项工作活动都能感受到企业文化的约束和引领作用。

建立评估和激励机制：企业文化作为精神文明建设的一部分，只有将文化建设情况纳入年度考核评价体系之中，才能形成重要的推动力。首先，明确企业文化管理的绩效考核指标；其次，建立企业文化效果的激励机制；然后，严格执行文化评估考核结果；最后，完善文化建设情况的督导检查。

第五节　企业环境保护工作能力实训

人类社会发展到今天，物质财富空前繁荣，但这并不能说明我们的生活比以往任何时期都更加安全和健康。在加快工业化进程的过程中，人类对自然资源贪婪地索取和肆意地破坏，引发一系列全球性环境问题。生态环境保护、环境污染控制和环境规划管理等系统工程的实施需要政府的正确决策，企业的环境保护行动和全体公民的共同参与，提高人类生活的环境质量，共建人类生存的美好家园。

一、实训能力目标

在企业环境保护实训过程中，理解环境保护的重要意义以及相关的法律制度，了解常见的环境污染类型及其危害性。通过企业环境保护工作标准训练，掌握企业环境保护的工作思路、工作流程、工作内容和规范要求；掌握企业环境保护过程中的时间节点、实施地点、岗位职责等有关规定。通过训练，提高环境保护意识和可持续发展的理念，构建企业环境保护的基本思路，结合专业知识撰写完整的企业环境保护方案。

二、实训理论基础

（一）环境的概念

根据《中华人民共和国环境保护法》，环境是指影响人类生存和发展的各种天然的和经过人工改造的自然因素的总和，包括大气、水、海洋、矿藏、森林、草原、湿地、野生生物、自然遗迹、人文遗迹、自然保护区、风景名胜区、城市和乡村等。环境系统是一个复杂的系统，各部分之间存在着紧密的联系和制约的关系，同时也是具有时、空、量和序变化的动态系统。

（二）环境污染常见类型

环境污染是指人类活动产生的有害物质或因子进入环境，引起环境系统的结构与功能发生变化，危害人体健康和生物生命活动的现象。环境污染具有时间分布性、空间分布性、污染物含量复杂性和污染物因素作用的综合性等特征。

（1）大气污染：大气污染是指由于人类活动或自然过程使得某些物质进入大气中，累积呈现出足够的浓度，并驻留一定时间，使大气质量恶化，对人类健康生存和生态环境造成危害的现象。污染源包括化石燃料的燃烧、交通运输废气、地面扬尘以及其他生产生活形成的烟雾等。

（2）水污染：水污染是指水体中存在有害物质，导致其化学、物理、生物等方面特性的改变，从而影响水的有效利用，危害人体健康或者破坏生态环境，造成水质恶化的现象。污染源包括工农业生产污水、城镇生活污水、渔业生产以及其他固体废物等。

（3）土壤污染：土壤污染是指人类活动产生的污染物进入土壤并积累到一定程度，引起土壤环境质量发生变化，危害公众健康或者破坏生态环境的现象。污染源包括污水排放、固体废物、大气沉降以及火山喷发等。

（4）噪声污染：噪声污染是指在工业生产、建筑施工、交通运输和社会生活中所产生的声音，超过国家规定的环境噪声排放标准，并干扰他人正常工作、学习和生活的现象。污染源包括交通噪声、工业噪声、建筑噪声和社会生活噪声。

（5）放射性污染：放射性污染是指由于人类的生产、生活活动排放的放射性物质，使环境中的放射性水平改变从而危害人体健康的现象。污染源包括各种放射性核素的生产、利用和处理过程中产生的气体、液体和固体废物。

（6）固体废物污染：固体废物是指在生产建设、日常生活和其他活动中产生污染环境的固态、半固态废弃物。固体废物污染是指因不适当储存、利用、处理和排放固体废物，从而污染环境、损害人体健康以及破坏自然生态系统，造成环境恶化。污染源包括工业固体废物、生活垃圾和危险废物等。

（三）环境保护制度

党的二十大报告指出推动经济社会发展绿色化、低碳化是实现高质量发展的关键环节。加快推动产业结构、能源结构、交通运输结构等调整优化。坚持精准治污、科学治污、依法治污，持续深入打好蓝天、碧水、净土保卫战。

《中华人民共和国环境保护法》规定一切单位和个人都有保护环境的义务。企业事业单位和其他生产经营者应当防止、减少环境污染和生态破坏，对其所造成的损害依法承担责任。各级各类企业应当采用资源利用率高、污染物排放量少的设备和工艺；禁止引进不符合我国环境保护规定要求的技术和设备。建设项目中防治污染的设施，必须按照"三同时"的要求进行规划和运行，做到与主体工程"同时设计、同时施工、同时投产使用"。

相关法律制度有《中华人民共和国大气污染防治法》《中华人民共和国水污染防治法》《中华人民共和国环境噪声污染防治法》《中华人民共和国固体废物污染环境防治法》《中华人民共和国放射性污染防治法》《中华人民共和国海洋环境污染保护法》《中华人民共和国清洁生产促进法》等。

（四）可持续发展的基本原则

在人类持续发展的系统中，经济可持续性是基础，环境可持续性是条件，社会可持续性才是目的。可持续发展的基本原则包括：

（1）公平性：坚持同代人之间的横向公平性和各代人之间的纵向公平性。

（2）持续性：保护生态系统受到某种干扰时能保持其生产率的能力。

（3）共同性：不同国家和地区在保护生态环境安全方面的总目标及其行为是一致的。

企业实施清洁生产的基本原则包括：

（1）环境影响最小化。

（2）资源消耗减量化。

（3）资源使用再生化。

（4）资源利用循环化。

（5）原料、产品无害化。

三、实训内容

（1）企业环境保护的基本内容和工作标准。

（2）企业环境保护的基本流程和基本方法。

（3）运用圆通工作能力训练平台进行"企业环境保护"规范训练和测试。

（4）编制一份完整且可行的环境保护调查报告或实施方案。

四、实训操作步骤

(一) 实训步骤

(1) 根据企业环境保护实训工作需要,准备电脑和相应实训软件。
(2) 开展企业环境保护工作计划训练。
(3) 开展企业环境保护工作思路训练。
(4) 开展企业环境保护工作标准训练。
(5) 熟悉企业环境保护工作标准,在规定时间内完成该工作标准考核。
(6) 保存成绩,完成企业环境保护工作标准模块。
(7) 根据所掌握的企业环境保护工作标准,编制案例企业环境保护方案(表 2.13)。

表 2.13　企业环境保护工作实训标准

工作流程	工作要求	工作人员	工作时间	工作地点	工作单位	工作资料
熟悉企业生产特点,了解企业工作环境	真实性	办公室主任	规定时间	工作地址	行政办公室	企业生产工艺方案
		行政事务岗		生产地址	生产部门	
开展环保情况调查,掌握环保工作重点	合规性	行政事务岗	计划时间	工作地址	行政办公室	企业生产环保调查报告
				生产地址		
界定企业环保问题,制定企业环保方案	可行性	办公室主任	计划时间	工作地址	行政办公室	企业环保问题清单
		行政事务岗				环境保护实施方案
组织环保方案实施,确保技术人力财力	及时性	行政事务岗	计划时间	工作地址	行政办公室	环保方案实施记录
		生产管理岗		生产地址		

续表

工作流程	工作要求	工作人员	工作时间	工作地点	工作单位	工作资料
组织环保重点检查，争取环保部门指导	正确性	行政事务岗	计划时间	工作地址	行政办公室	环保验收报告
		生产管理岗		生产地址	生产部门	政府部门指导意见书
开展环保工作总结，不断改进创新提高	完整性	办公室主任	规定时间	工作地址	行政办公室	环境保护档案
		行政事务岗				环保工作总结及评价报告

（二）相关内容介绍

1．生产工艺方案

企业生产工艺方案是指在生产过程中从投料到成品产出，经过一定的设备按顺序连续地进行加工的流程。生产工艺是指生产工人利用生产工具和设备，对各种原料、材料、半成品进行加工或处理，最后使之成为成品的工作、方法和技术；主要包括工艺过程、工艺参数和工艺配方等。具体工艺如下所示：

(1) 钢厂完整工艺流程：采矿→选矿→烧结→炼铁→炼钢→热轧→冷轧→硅钢；辅助生产工艺：焦化、制氧、燃气、自备电、动力。

(2) 印刷工艺基本流程：设计成图→发片→打样→拼版→晒版→上机印刷→印后加工→交货。只有熟悉企业生产特点和企业生产环境，才能有针对性地做好环境保护工作。

2．生产环境调查报告

企业生产环境调查报告，是指企业行政部环保工作岗位，或者环保管理部门依照国家相关环保法律法规，对生产的环境保护现状进行调查而总结生成的报告，可作为分析评判企业环保问题和改进环保工作的依据。其主要内容包括调研课题、调研意义、调研目的、调研方式、调研过程和调研结论及建议。

3．环境保护问题清单

企业环境保护问题清单，是指对企业生产环境情况调查以后，依据《中华人民共和国环境保护法》的规定，界定出企业生产经营存在的环境保护问题。企业环境保护问题清单是企业制定环境保护方案的重要依据。例如：建于 1959 年的 W 火力电厂，是一座高压、高温火力发电厂，面对新颁布的各项规定，经历了多年“风风雨雨”的老企业终于走到了转型的十字路口，其面临许多问题，其中不符合新标准的问题如下：

(1) 氮氧化物排放量超出新标准。

(2) 二氧化硫排放量超出新标准。

(3) 烟尘排放浓度超出新标准。

4. 环境保护方案

企业环境保护方案是指企业单位行政部环保管理岗，或者环境保护专管部门，针对企业存在的环保问题，制定环保问题解决方案。环保问题一般都是因其生产工艺不精、设备功能有限、管理设施不全等原因造成的，一般需要引进新设备、新技术，或者采取设备改造等措施。环境保护方案的主要内容主要包含指导思想、工作目标、工作内容、组织结构、工作过程、资源保障、效果检测、工作总结。

5. 环保方案实施记录

环保方案实施记录是指企业单位纠正环保问题，或者环保达标方案实施工作记录。这些资料不仅仅是一个企业环境保护轨迹资料，它还可以起到环保工作总结、评价的原始鉴证资料。具体范例如下：

×××HT 电厂环境保护方案实施记录

(1) 环保问题实施方案

2023 年 4 月，HT 电厂投入 9900 万元，对 5 号机组现有脱硫、脱硝和除尘设备进行提效改造。新设备集脱硫、除尘于一体，设计新颖，结构合理，性能优良，管理方便。根据 SD 省环境监测中心站的排放监测可知，其氮氧化物、硫氧化物、烟尘排放指标均优于天然气燃气轮机组清洁发电的排放标准，尤其是对 PM2.5 影响很大的烟尘，实现了近零排放。

(2) 环保方案实施记录

① 2023 年 3 月 18 日，HT 电厂对 5 号机组现有脱硝和除尘设备提效改造方案，并增加脱硫二级吸收塔和湿式电除尘器等设备方案，经论证与会议讨论通过。

② 2023 年 4 月 5 日，与甲企业签订脱硫二级吸收塔和湿式电除尘器等设备购销合同。并与 4 月 11 日支付预付款 1000 万元。

③ 2023 年 8 月 20 日，环保更新设备到货，经验收符合合同技术要求，按照购销合同要求支付货款 5000 万元。

④ 2024 年 5 月 1 日，开始环保新设备更换安装，停止生产进入紧张施工。

⑤ 2024 年 9 月 15 日，新设备安装完成，进行试运行验收。

6. 环保验收报告

环保验收报告是指政府环保管理部门对于新建企业是否达到国家环境保护标准进行验收，或者对于存在环保问题企业经过整改方案实施后是否达到国家环保要求标准进行验收，或者企业首先环保达标自查、政府环保机构指导验收等产生的环保验收报告等资料。

7. 政府部门指导意见书

政府部门指导意见书是指政府环保管理部门的行政领导，或者环保管理部门的专业技术人员，在对企业的环境治理建设工作在调查了解的基础上提出的指导性建设性意见，可作为企业单位做好环境保护工作的参考依据。

8. 环保工作总结及评价报告

环保工作总结及评价报告是指企业单位行政部或环保主管部门在季度或年度对于本企业单位环保管理工作中做出的总结及达标情况的评价。通过不断总结、不断评价，才能确保企业环保工作不断提高完善。

9. 环境保护档案

环境保护档案是指企业单位有关环境保护方面的资料管理、档案保存。档案资料是企业单位环保达标的依据，也是企业单位合规经营的依据，更是企业单位全面规范管理的依据。

五、实训案例

K 教学综合楼扬尘控制方案

（一）编制依据

《安徽省扬尘污染防治管理办法》《安徽省建设工地施工扬尘控制若干规定》《中华人民共和国环境保护法》《中华人民共和国固体废物污染环境防治法》《中华人民共和国大气污染防治法》以及《中华人民共和国环境影响评价法》。

（二）工程概况

综合教学楼项目位于学校东北角，靠近东侧学海路，建筑功能主要分为三个部分包括主楼为文理基础实验室与系部办公、东侧裙房为大教室和阶梯教室、西侧裙房为 800 人礼堂。建筑设有一层地下室，均为设备用房。建设单位：×××学院；设计单位为×××大学设计研究院有限公司。

本工程主楼地上 15 层，地下 1 层，建筑总高度为 60.60 m（室外地面至屋面，室内外高差 0.9 m），其中：地下一层层高 4.5 m，一层层高 5.10 m，二层以上层高 3.90 m；教学裙房三层，每层层高 3.9 m；礼堂单层层高 14.25 m。总建筑面积：23506 m^2（含消防水池），其中地面以上建筑面积 22500 m^2，地下建筑面积 1006 m^2（含消防水池）。

（三）控制目的

本工程从桩基、基础、结构到装饰、总体工程结束，施工中不规范操作、材料的进出场、自然环境因素等，均会造成扬尘污染。本工地处于校园内，因此施工中的扬尘污染对广大师生的学习、生活以及身心健康有一定影响。同时，泥浆可能会污染周围场地和道路，给社会造成不良影响，因此，实施施工扬尘控制措施，保护环境，维护相关人员的身体健康，成为项目部切实抓好的环境保护工作之一。

（四）管理目标

施工扬尘污染控制达标；无污染环境投诉事件；无扬尘控制事件造成的上级通报批评和处罚；上级部门检查验收合格；创建施工扬尘污染控制示范工地；达到ABC集团文明工地标准要求；争创安徽省标准化工地、安徽省文明工地。

扬尘控制达标的具体指标有工地围墙、大门封闭；硬地坪达到100%；堆土用密目网覆盖；木工棚全封闭；建筑垃圾入库，每天清运；材料进出采用自动翻盖车辆，车辆进出用水冲洗；使用商品砼、商品砂浆；生活垃圾袋装化；脚手架密目网全封闭；施工区、生活区、办公区洒水清扫。

（五）组织建立

本工程由建设单位领导，监理单位监督，施工单位执行，系统负责施工现场扬尘污染控制的策划、组织、落实，并从财力、物力、人力上实施统一指挥，同时将本工程的施工扬尘控制环节融入整个施工管理之中。

组长：

×××，全面负责现场环境保护管理、协调工作。

副组长：

×××，全面负责现场空气污染及施工安全管理工作。

组员：

(1) ×××，全面负责施工扬尘、渣土覆盖、现场围挡的监督及管理工作。

(2) ×××，全面负责渣土外运、车辆清洗、道路硬化等空气污染管理工作。

（六）责任制考核

施工现场扬尘控制，责任在领导，管理在岗位，关键是班组。因此，项目部必须建立和健全各项扬尘控制规章制度，落实各级管理岗位的责任，将施工扬尘控制与安全生产和文明施工管理相联系，贯穿于整个施工管理过程之中，实施全过程、全方位的控制和监督管理。

项目经理是安全文明生产管理的第一责任人，必须对施工现场的扬尘污染控制负全面责任。各管理岗位人员，必须将施工扬尘控制列入施工全过程管理的范围，对照自己的职责，加强管理。班组长，必须服从项目部指挥，积极主动地搞好扬尘污染控制。上级公司以及行业主管部门，必须与项目经理签订目标责任书，对施工扬尘污染控制目标实施考核，以进一步推进本工程扬尘控制工作的有序开展。

项目部与各施工班组以特殊岗位操作人员落实施工扬尘控制责任，制定奖罚制度，以推动施工扬尘污染控制的进程。

（七）控制点

工地围墙及大门封闭控制；现场硬地坪施工；现场材料进出扬尘控制；土方施工扬尘控制；混凝土使用扬尘控制；砂浆的使用；建筑垃圾处理；生活垃圾处理；工地脚手架施工扬尘控制；结构楼层施工扬尘控制；木工间管理；装饰施工阶段扬尘控制。

（八）基础建设

1. 宣传

做好施工现场扬尘控制，确保环境保护达标。除了做好组织建设工作，还必须做好工地内部的宣传工作，增强全员的环保意识，自觉控制扬尘污染，确保实现环境管理目标。

(1) 向社会公开承诺，利用工地出入口处张贴公示牌的形式，向社会承诺施工扬尘污染的控制措施：结合文明施工管理，实施工地施工扬尘控制，确保施工生产不造成扬尘污染；工地周围实施围墙封闭，场地全部进行硬化处理；现场的堆积土方进行压实覆盖，封闭式车辆进行运输，工地车辆出门进行清洗；脚手架用密目网封闭，结构临边用密目网围护，木工间实施封闭；生活垃圾袋装化归桶，由长宁区环卫所清运；楼层建筑垃圾集中堆放，及时清运；工地内不焚烧垃圾废料；工程结束前不拆除围墙，凡易产生粉尘的施工作业必须进行防控措施。

(2) 在工地入口处“十牌四图”中增加“施工扬尘控制措施”，用精炼的文字来概况其控制内容，同时也作为现场作业人员在施工中扬尘污染控制的指导栏，其内容为：施工现场围墙封闭；施工场地硬化处理；现场堆土压实覆盖，封闭式车辆运输，车辆出门清洗；生活垃圾袋装化归桶并及时清理；脚手架用密目网封闭，结构临边用密目网围护；使用商品混凝土和砂浆；木工间封闭；楼层垃圾集中堆放，禁止抛洒，清理脚手架预先洒水；现场设置封闭式垃圾分类堆放点；禁止焚烧垃圾废料。

(3) 本工程的扬尘控制具体内容(表 2.14)：

表 2.14　扬尘控制具体内容

序号	作业活动	重大环境因素	环境影响情况	控制措施
1	建筑及生活垃圾的排放	土壤污染	影响市容环境 造成土壤质变	公司废弃物管理规定
2	泥浆及生活污水排放	废水排放	堵塞城市管道 影响居民生活	二级沉淀，三级排放

续表

序号	作业活动	重大环境因素	环境影响情况	控制措施
3	桩基及围护施工	泥浆排放及扬尘污染	堵塞城市管道 影响居民生活	制定施工扬尘专项措施
4	道路楼层清扫	扬尘污染	影响市容环境 影响职工健康	制定施工扬尘专项控制措施
5	脚手架清理	扬尘污染	影响市容环境 影响职工健康	制定施工扬尘专项控制措施
6	木工作业	扬尘污染	影响市容环境 影响职工健康	制定施工扬尘专项控制措施
7	垃圾、材料运输	扬尘污染	影响市容环境	制定施工扬尘专项控制措施
8	露天材料堆放	扬尘污染	影响市容环境 影响职工健康	制定施工扬尘专项控制措施
9	土方外运	扬尘污染	影响市容环境	制定施工扬尘专项控制措施

(4) 现场悬挂两条“实施安全文明施工，控制现场扬尘污染”的横幅，以起到警示作用。

(5) 利用宣传栏的形式，宣传施工扬尘污染控制的重要性及防范技能和知识，每月一期。

(6) 组织全体职工，召开一次“花园式施工现场”专题大会，宣传扬尘污染的危害性，并将“防扬尘污染”融合于日常的安全教育活动之中。

2. 基础设施

(1) 工地围墙：围墙用砼砌块砌筑，高度 2.5 m。围墙上部刷白色涂料，下部 0.5 cm 刷中灰色涂料。间隔 8 m 设置单字高度为 0.8 m 的“ABC 集团　第三建筑”围栏标牌。在学海路主大门门柱框两侧各留 3 m 作为工地告知栏，两侧分别设置告示牌。

(2) 工地大门：根据施工现场实际需要，分别在学海路、学府路设置 1 个出入口，供施工阶段的主要施工机械、设备和材料出入，主大门宽度为 9 m，为 2 扇移门，门扇漆成白色，间隔绘制集团公司标志图案和“ABC 集团　第三建筑”字样，门下部用蓝色涂料与围墙下部中灰色线脚贯通。门柱框尺寸 5160 mm×3210 mm，两边门柱为 700 mm×700 mm，中间墙面缩进 310 mm，油漆后贴喷绘画面，左边为文明施工承诺(泥浆不外流，轮胎不沾泥，管线不损坏，渣土不乱抛，爆破不扰民，夜间少噪声)，右边为工程性质(建设单位、设计单位、监理单位、施工单位名称)，下口留 480 mm，为花坛，外贴瑞成牌艺术砖。门框外表刷红色外墙涂料。

(3) 施工场地：根据现场实际条件，除西面外，沿拟建基坑地下连续墙外侧设置环通施工道路，宽为 2.5～4 m，做法为路基夯实，100 厚道渣，120 厚 C20 砼路面。本工程全部实施硬地坪，无一处露土部位，以确保达到防尘、防污染要求。

(4) 沉淀池：在工地北面和西面各设置二级沉淀池，用于施工现场雨水和其他污水的沉淀排放，沉淀池几何尺寸为 1.5 m×5.7 m×1.5 m，砖砌后粉刷。

(5) 建筑垃圾临时储存间：为了避免建筑垃圾所产生的扬尘污染，本工程计划从结构施工阶段起，在基地西南角设置一座封闭式建筑垃圾临时储存间，以方便建筑垃圾的集中处理。储存间高为 3.5 m，长为 6 m、宽为 4 m。为砖砌结构，内外砂浆粉刷后涂料刷白，安装两扇铁皮大门。

(6) 生活垃圾袋装：本工程预计施工高峰人数在 200 人左右，生活中所产生的垃圾、废物也是扬尘污染的一大源点，必须实施控制。生活区及办公区设置环保型的垃圾箱，使用黑色垃圾袋置于箱内，所处理的垃圾一律入箱入袋，并及时收集和清运至环卫所进行处理。

(7) 木工加工间：施工现场木工机械使用所产生的灰尘、废料等，既能导致扬尘污染，又可引发火灾事故，必须加以控制。基础阶段时，木工间设置在北面，待结构完成至 ±0.000 m 后，木工棚设置在东面。木工间为砖砌，设 2 扇白铁皮大门，定时和及时清理，确保无扬尘产生。

(8) 砂石专用池：在基地东北角设置两只宽为 2 m，长为 4 m，高为 1 m 的砂石专用池，结构为砖砌结构，采用水泥砂浆粉刷。

(九) 管理控制

1. 日常管理

(1) 施工现场保洁：施工区内派清扫班(3 人)每日进行定时清扫、洒水，确保路面清洁；日常车辆进料，必须对进出车辆进行冲洗，保证灰土不带出工地。生活区、办公区由保洁员进行日常的保洁工作。主要工作包括：① 每日进行 2 至 3 次清扫，清扫的垃圾和尘土必须及时处理至垃圾存放点，不得滞留；② 在清扫前，必须对路面、地面提前洒水，以免清扫时产生扬尘而污染周边环境；③ 车辆进料必须进行登记，车辆出门必须进行洗车，否则一律不予放行，并及时报告项目部；④ 做好安全保卫工作，禁止与本工程无关的扬尘污染源带进工地；⑤ 生活区垃圾箱必须及时更换垃圾袋，及时封盖，及时清运。

(2) 沉淀池管理：施工现场的沉淀池由清扫班清理，并做好记录。主要工作包括：① 工地内沉淀池必须做到二级沉淀；② 每周对沉淀池进行一次清理，沉淀池在浇灌混凝土期间必须及时清理，保证管道畅通；③ 不得将固体物和漂浮物件排入沉淀池内；④ 专池专用，不得损坏沉淀池；⑤ 定期对沉淀池的沉淀排污情况进行检查,保证排污通畅、达标。

(3) 专用建筑垃圾临时储存间管理:建筑垃圾临时储存间由材料员×××负责管理,及时通知环卫部门清运。主要工作包含:① 建筑垃圾必须分类堆放,不得混堆;② 禁止超量堆放;③ 及时进行遮盖洒水,防止粉尘挥发;④ 保持周边清洁,不得散落;⑤ 及时做好清运记录。

(4) 露天材料堆放管理:石子、黄砂、钢筋等均为工地露天堆放材料,大风天气易产生钢筋锈粉飞扬、砂石粉尘污染,因此必须加以控制。主要工作包括:① 严格控制成型钢筋进场时间,钢筋到场后立即做好标识,整理归类、上架。② 石子、黄砂堆放在专用场所,做到随到随用,不得大量囤积;③ 石子、黄砂必须堆积方正,底脚整齐、干净,并将周边及上方拍平、压实,用密目网覆盖;环境过分干燥时,及时洒水;④ 使用砂石时,稍打开一角,用后拍平盖好。

2. 阶段性管理

在加强基础设施日常管理得同时,必须按以下五个阶段进行动态化管理,并采用公司《施工现场环境检测和测量记录表》,由×××同志定期或不定期做好扬尘污染的监测工作。

(1) 桩基及维护阶段:① 桩基施工时泥浆排放沟内须经常清理沉淀泥浆,废浆池、循环池壁及池周围地坪上如有散落泥浆须及时清理,勿使泥浆干硬后产生粉尘。② 施工过程中被污染的施工机械、设备、进出车辆、材料,应及时清理、保洁。③ 桩孔埋设护筒、导墙制作前的沟槽开挖、地墙成槽施工时产生的土方须及时集中堆放,遇高温天气须对暴露在最外层的泥土洒水使其保持湿润,并在48小时内外运出场。④ 必须控制电焊气割等废气排放以及材料装卸所产生的钢筋锈粉飞扬、砂石尘飞扬等粉尘污染。⑤ 地墙施工用泥浆拌制台必须封闭,不得有透风漏雨现象;材料必须分类堆放,不得混堆。每日进行清扫,保持整洁,地面无积灰。作业人员必须戴口罩。⑥ 对可能产生粉尘的施工,在施工作业中应采用洒水或喷水的办法减少粉尘的产生,尽量选用环保型的防施工机械,避免排气将尘土扬起飞散。

(2) 基础施工阶段:① 工程土方开挖时,合理安排充足车辆与施工进度,做到随挖随运,避免堆积;② 土方外运时,除对渣土车辆进行清洗外,在工地进出口应铺设草包、麻袋等防污染材料,并派专人及时清扫,防止泥土造成场外道路污染;③ 除做好场地硬化外,其他露土部位必须保持密实,不得随意开挖翻土。

(3) 结构施工阶段:① 所搭设的脚手架必须全部使用防尘密目网进行封闭,密目网达到2000目,无损坏和漏洞。② 结构周边的临边防护必须设置密目网,底部设置防空隙的踢脚板,防止垃圾从楼层外围缝隙散落而产生扬尘。③ 现场一律使用商品砼。④ 楼层垃圾清理时,预先洒水湿润,然后再进行清扫,各楼层垃圾集中堆放。在清运时,每部劳动车上都必须遮盖密目网。⑤ 清理脚手架垃圾时,禁止拍打和掀翻竹篱笆,必须预先进行洒水,然后用扫帚进行集中清扫。⑥ 禁止使用抖动安全网的方法清理电梯井垃圾，必须使用专用工具进行掏舀。⑦ 使用珍珠岩隔热板进行屋面隔热保温施工时，尽量整块铺贴。如需切断，必须在封闭的箱盒内进行，防止珍珠岩碎末飞扬撒落，污染环境。

(4) 装饰施工阶段：① 装饰期间的建筑垃圾种类较多，分类收集、堆放装饰建筑垃圾；② 切割或磨光大理石等石材时，设置专用封闭式的切割间，操作人员戴好口罩，必要时带水切割；③ 施工现场禁止焚烧塑料、橡胶废料以及其他垃圾；⑤ 装饰用的腻子粉、石膏粉等必须袋装，并集中入库管理。⑥装饰阶段应组织成品、半成品进入施工现场，尽量实施装配式施工，减少因切割石材、木制品所生产的扬尘污染。

(5) 总体施工阶段：① 管沟必须分段开挖、及时回填，尽量减少沟槽、泥土的暴露时间；② 暴露时间较长堆积土，必须进行表面绿化处治或滤网覆盖；③ 绿化用土，必须随到随用，以免堆积扬尘。④ 工程结束前不得随意拆除工地围墙；必须拆除临时围墙时，应采取洒水、围挡等措施，控制扬尘。

第六节　采购工作能力训练

办公用品遵循“按需申报、统一采购、力求节约”的原则。列入政府采购目录达到政府集中采购限额标准的办公用品、电脑耗材及办公家具必须按政府集中采购程序实施政府采购。未列入政府集中采购目录或未达到政府集中采购限额标准的办公用品、电脑耗材及办公家具由办公室负责统一集中采购。

一、实训能力目标

在采购工作能力实训过程中，加深对采购合同的订立流程、招标采购的整个流程等相关知识的理解。通过采购工作能力标准训练，掌握编制采购合同的能力，以及合同纠纷中的解决措施；了解招投标的程序和方法，熟悉招标文件的编制等有关规定；掌握采购、入库、结算、报账等业务的能力。通过训练，掌握采购工作的基本路径和方法，在编制采购合同、招投标采购流程中牢固树立诚信理念。这是在实训中培养学生社会主义核心价值观教育的重要体现。

二、实训理论基础

（一）采购工作标准

采购工作标准是指行政事务岗了解采购用品需求，编制采购计划，进行采购、入库、结算、报账等业务的工作规范，详细见表 2.15 和表 2.16。

表 2.15　工作标准基本表格

类　型	内　容
工作核心目标	完成日常采购工作
工作开始时间	规定时间
工作结束时间	规定时间
相关工作地点	行政办公室地址 财务部地址 供应商单位地址
相关工作单位	行政办公室 财务部 供应商单位
相关工作人员	办公室主任 出纳岗 供应商 行政事务岗 库房管理岗 费用管理岗
备　注	

表 2.16　工作标准所需资料

资料类型	编码	资料名称	单位	原件数	复印数
事前准备资料	01	采购清单汇总表	份	1	0
	02	采购需求申请表	份	1	0
事中产生资料	03	采购计划	份	1	0
	04	采购服务借款单	份	1	0
	05	采购计划预算审批单	份	1	0
	06	招投标书	份	1	0
	07	市场供货单位清单	份	1	0
	08	签订的购销合同	份	1	0
	09	购回用品清单	份	1	0
事后结果资料	10	采购报账记账凭证	份	1	0
	11	采购用品验收入库单	份	1	0
	12	采购用品采购发票	份	1	0
技术要求资料	13	企业内部控制应用指引第 7 号——采购业务	份	1	0
	14	《行政管理制度汇编》	份	1	0

（二）采购计划

采购计划是指企业管理人员在了解市场供求情况后，基于企业生产经营活动和掌握生产物料消耗规律的基础上，对计划期内物料采购管理活动所做的预见性的安排和部署。采购计划是根据生产部门或其他物品使用部门的计划制定的，包括采购物料品种、采购数量、需求日期等内容的计划表格。按计划时间的长短分，可以把采购计划分为年度物料采购计划、季度物料采购计划、月度物料采购计划等。本标准所对应的采购计划主要是指管理部门的办公用品采购计划。采购计划表没有固定格式，一般由采购经办岗按照本单位管理制度需求自行设计格式，并进行编制填制。

（三）购销合同

购销合同是指通过招投标方式进行办公用品采购时与选定的供货商签订的购销合同，或者虽未通过招投标程序，却属于大额重要物资采购时与供货商签订的办公用品购销合同。

（四）招投标书

该资料的具体包括招标公告与投标文件，是指企业单位办理大额大批量办公用品采购时，为了采购到物美价廉的商品，采用公开招投标方式选择供货商进行办公用品采购过程中所产生的资料，或者政府部门机构按照政府采购要求，履行招投标程序时产生的资料。

招标投标是一种国际上普遍采用的、有组织的市场交易行为，是贸易中的一种工程、货物、服务的买卖方式。在这种采购方式中，买方（招标人）通过事先公开的采购要求，吸引众多的卖方（投标人）平等参与竞争，按照规定程序并组织技术、经济和法律等方面专家对众多的投标人进行综合评审，从中择优选定中标人。其实质是买方择优选择卖方的过程。

（五）采购用品验收入库单

在这里既然讲的是办公用品采购工作标准，那就不是将办公用品买回来使用就完结了事，还要按照品种规格逐一向库房保管员办理验收入库单，并持有采购用品验收入库单及购销发票到财务部办理报账手续。冲销自己的办公用品属于借款挂账。

三、实训内容

（1）采购工作的基础知识和工作标准。
（2）采购工作制定的思维导图和基本流程。
（3）运用圆通工作能力训练平台“采购工作标准”规范训练和测试。
（4）分组编制一份办公用品采购方案，要求具有完整性和可行性。

四、实训操作步骤

(1) 根据采购实训工作需要，准备电脑和相应实训软件。
(2) 开展采购工作计划训练。
(3) 开展采购工作思路训练。
(4) 开展采购工作标准训练。
(5) 熟悉采购工作标准，在教师规定时间内完成该工作标准考核。
(6) 保存成绩，完成采购工作标准模块。
(7) 根据所掌握的采购工作标准，编制案例采购合同。
详细采购工作实训标准见表 2.17。

表 2.17　采购工作实训标准

工作流程	工作要求	工作人员	工作时间	工作地点	工作单位	工作资料
受理采购申请，明确采购需求	真实性	行政事务岗	规定时间	行政办公室地址	行政办公室	采购需求申请单
						采购清单汇总表
编制采购计划，确定采购预案	正确性	行政事务岗	计划时间	行政办公室地址	行政办公室	采购计划
领导采购审批，办公采购清款	合规性	行政事务岗	计划时间	行政办公室地址	行政办公室	采购计划预算审批表
		办公室主任		财务部地址	财务部	采购财务借款单
		出纳岗				
采购市场调整，选择供应单位	正确性	行政事务岗	计划时间	行政办公室地址	行政办公室	市场供货单位清单
		供应商		供应商单位地址	供应商单位	招投标书

续表

工作流程	工作要求	工作人员	工作时间	工作地点	工作单位	工作资料
签订供销合同，购回采购用品	及时性	行政事务岗	计划时间	行政办公室地址	行政办公室	签订的购销合同购回用品清单
		库房管理岗				
采购用品入库，财务报销结算	完整性	行政事务岗	规定时间	行政办公室地址	行政办公室	采购用品验收入库单
		库房管理岗		财务部地址	财务部	采购用品采购发票
		费用管理岗				采购报账记账凭证

五、实训案例

办公用品购销合同范本

甲方：××百货有限公司

乙方：××网络传播有限责任公司

甲乙双方根据《民法典》合同篇及相关的法律法规之规定，本着诚实信用、协商一致、共同发展的原则，就乙方向甲方采购办公用品及耗材事宜达成协议，自愿签订本合同且共同遵守。

（一）采购标准

表 2.18　采购标准

产品名称	品牌	数量	单位	单价	金额	总额(人民币大写)	备注
立式空调	格力	2	个	8000 元	16000	壹万陆仟元整	

（二）合作方式

乙方向甲方购买办公用品及耗材，乙方可以任意选择订单或传真订购方式，甲方应向乙方免费提供产品的送货及售后退换等服务。

（三）价格条款

(1) 甲方应根据报价单(标书)价格提供产品给乙方,按照相同型号产品享受市场最低优惠价格执行。

(2) 每个月甲方可对采购清单根据市场情况进行一次价格更新,价格调整以书面方式通知,预期通知将计为下一个月。

(3) 乙方应在接到甲方的价格调整通知后的五个工作日内,给予最终确认(以书面确认单为准)。如在规定时间内甲方未接到乙方确认单,将视为乙方已确认,甲方可更新价格确认即日起执行新的价格。

(4) 本合同货款单价已包括货物移交至乙方所需的一切费用。

（四）支付方式

(1) 货到乙方指定的地点,甲、乙双方应共同进行验收。每个月底前 5 个工作日内,甲方需提供乙方本月所需产品对账清单及发票,经乙方核实后,按实际货款付清。

(2) 乙方可选择用现金、支票或转账的方式来支付甲方的货款,甲方结算人员需持加盖甲方公章的结算委托书进行结算,乙方在未确认上门收款人员身份之前可拒绝付款。

（五）交货方式

(1) 自本合同生效之日起,一般送货时间为 3 个工作日或者以订单中乙方要求时间为准。如遇采购方有急用商品订单,则当日以最短时间将乙方所订货物送到指定地点。

(2) 货到乙方后,乙方按送货单内容收货,确认产品符合要求后乙方在验收单上签字确认,月末结款时以验收单上产品的数量价格为准。对于更换的产品需在验收单上注明,对增加的产品或价格有变动的产品,需另外填写验收单。

(3) 甲方应保证所提供产品为报价单中所规定的原厂产品,质量要符合报价单中规定的标准。如乙方发现甲方所售产品存在任何瑕疵,有权要求甲方进行换货。

（六）违约责任

(1) 甲、乙双方如有一方违约,由违约方承担由此给守约方造成的经济损失,且守约方有权解除本合同。

(2) 甲方未按合同规定时间交货,每延期 1 日应向乙方支付总货款千分之二的违约金,但总计不超过总价的 5%。

(3) 甲方未规定送货,乙方有权退货,并索赔由此造成的损失。

（七）合同附则

(1) 本合同的任何修改或者补充，只有在双方授权代表签字后生效，并成为本合同不可分割的组成部分，与本合同具有同等法律效力。

(2) 除非遇到不可抗力因素导致本合同不能履行，未经甲、乙双方一致书面同意，任何单方无权变更合同内容。

(3) 本合同一式两份，甲、乙双方各执一份，双方签字盖章之日起生效，有效期一年，到期后若双方未书面提出终止则合同顺延，继续生效。

(4) 本合同在履行中产生的各种争议，甲乙双方应协商解决，如协商不成，双方均可依法向甲乙双方所在地人民法院起诉。

(5) 对于本合同未尽事宜，双方可签订补充协议，补充协议与本合同有同等法律效力。

第七节 固定资产管理工作能力训练

固定资产是企业重要的生产力要素之一，是企业赖以生存的物质基础，是企业产生效益的源泉，固定资产的管理水平直接影响着企业的竞争力，关系到企业的运行与发展。企业科学管理固定资产，有利于促进企业正确评估固定资产的整体状况，提高资产使用效率，降低生产成本，保护固定资产的安全与完整，实现资产的保值增值，增强企业的综合竞争实力。

一、实训能力目标

在固定资产管理工作能力实训过程中，了解固定资产的定义、固定资产的特点、固定资产的管理流程等相关知识。通过对固定资产管理工作能力标准训练，掌握固定资产管理的工作思路、工作流程、工作内容和规范要求；掌握固定资产管理的时间节点、实施地点、职责分工等有关规定。通过训练，熟练掌握固定资产管理的基本规则和方法，提高固定资产使用效能。

二、实训的理论基础

（一）固定资产的定义

固定资产是指企业为商品生产所提供服务租赁或管理运行所持有的使用时间

较长，且达到一定标准的非货币性资产，包括建筑物、机械设备、交通工具、办公设备以及其他与生产经营活动相关的设备、工具等。从会计核算的角度划分，一般分为生产用固定资产、非生产用固定资产、租出固定资产、未使用固定资产、不需用固定资产、融资租赁固定资产、接受捐赠固定资产等。

（二）固定资产的特点

（1）使用的周期性。

固定资产一般是企业中价值比较大的资产，多为房屋、机器和设备等，使用生命周期较长，并且能够循环重复使用，其使用周期取决于固定资产的使用年限。

（2）投资的一次性。

企业在获得固定资产时，需要一定数量的资金投入，这种投资是一次性完成的。

（3）回收的长期性。

固定资产按照相关规定都具有一定折旧年限，投资的回收是按照折旧年限均摊在商品或者服务之中的。

（三）固定资产折旧

中国税法对于固定资产的折旧率和折旧年限都作出了明确规定，具体如表 2.19 所示。

表 2.19　固定资产的折旧率和折旧年限

固定资产类型	年折旧率	折旧年限/年
工具和设备	20%	5
机动车辆	10%	10
办公家俱	20%	5
店　　铺	5%	20
工厂建筑	2%	50
土　　地	无	……

为了加速社会再生产的过程，中国税法同时又规定了固定资产折旧的最低年限如表 2.20 所示。

表 2.20　固定资产折旧的最低年限

固定资产类型	折旧年限/年
房屋、建筑物	20
飞机、火车、轮船、机器、机械和其他生产设备	10

续表

固定资产类型	折旧年限/年
与生产经营活动有关的器具、工具及家具等	5
飞机、火车、轮船以外的运输工具	4
电子设备	3

固定资产折旧的计算方法如下：

$$年折旧率 = 年折旧额 \div 固定资产总额 \times 100\%$$

$$年折旧额 = 固定资产总额 \div 折旧年限$$

（四）固定资产分类

1．按用途分为生产经营使用和非生产经营使用二类

生产经营类固定资产是指直接服务于生产经营活动的固定资产，如土地、厂房、机械设备、电子设备、运输设备等。非生产经营类的固定资产是指为满足企业员工需求、生活福利所需要的固定资产，这些资产虽然不直接服务于企业的生产经营，但对企业发展具有重要意义，如员工宿舍、餐厅、医务室等其他方面使用的房屋及设备等固定资产。

2．按使用情况分为使用中、未使用、不需用三类

使用中的固定资产是指企业正在使用的各种固定资产，包括由于季节性和大修理等原因暂时停用以及存放在使用部门以备替换使用的机器设备。未使用的固定资产是指尚未投入使用的新增固定资产和经批准停止使用的固定资产。不需用的固定资产是指企业不需用、准备处理的固定资产。

3．按产权归属分为自有、接受投资和租入三类

自有资产是指企业拥有所有权的各种固定资产。租入固定资产是指企业从外部租赁来的固定资产，租入固定资产又可分为经营租赁资产以及融资租赁固定资产，经营租赁资产所有权不属于承租人，而融资租赁固定资产在到期后，所有权归承租人，承租人可以视为自有资产进行管理，要计提折旧。

三、实训内容

（1）固定资产管理标准含义和相关基础知识。

（2）固定资产管理的标准流程思维导图训练。

（3）运用圆通工作能力训练平台进行固定资产管理工作规范训练和测试。

（4）分组编制固定资产管理列表，具有准确性和及时性。

四、实训操作步骤

（1）根据固定资产管理实训工作需要，准备电脑和相应实训软件。
（2）开展固定资产管理计划训练。
（3）开展固定资产管理思路训练。
（4）开展固定资产管理工作标准训练。
（5）熟悉固定资产管理工作标准，在教师规定时间内完成该工作标准考核。
（6）完成固定资产管理工作标准模块，保存成绩。
（7）根据所掌握的固定资产管理标准，编制案例固定资产管理列表，详见表 2.21。

表 2.21　固定资产管理实训标准

工作流程	工作要求	工作人员	工作时间	工作地点	工作单位	工作资料
建立固定资产管理制度，明确固定资产管理岗位	可行性	行政事务岗	规定时间	行政办公室地址	行政办公室	固定资产管理制度
		办公室主任				固定资产管理岗位职责
区分固定资产类别，确定固定资产管理流程	正确性	行政事务岗	即时	行政办公室地址	行政办公室	固定资产管理制度
						固定资产清单
按照规定登记固定资产，确保固定资产编码登记	及时性	行政事务岗	即时	固定资产存放地址	行政办公室	固定资产管理登记簿
		办公室主任			相关部门	
按照规定查核固定资产，促进合理使用固定资产	准确性	行政事务岗	规定时间	行政办公室地址	行政办公室	固定资产管理登记簿
		办公室主任		固定资产存放地址	相关部门	

续表

工作流程	工作要求	工作人员	工作时间	工作地点	工作单位	工作资料
发挥固定资产管理作用，做好入库发放服务	正确性	行政事务岗	计划时间	行政办公室地址	行政办公室	固定资产管理登记簿
				固定资产存放地址	相关部门	固定资产交接单
定期做好固定资产盘点，及时立卷归档	完整性	行政事务岗	规定时间	行政办公室地址	行政办公室	固定资产管理登记簿
		档案管理岗		固定资产存放地址	相关部门	公文立卷归档
					档案室	

五、实训案例

选取×××食品有限公司作为案例分析，其固定资产管理登记表格如表2.22所示。

表2.22　好味道食品有限责任公司固定资产管理登记簿

序号	固定资产名称(型号)	采购时间	资产编码	存放地点	使用部门(使用人)	领用日期	使用状态
1	塑封机	2022年11月01日	001	厂房一区	生产部(张×)	2022年11月02日	正常
2	轻型卡车	2023年0115	002	车库	运输部(王×)	2023年01月16日	正常
3	办公桌	2022年10月16日	003	201办公室	综合办公室(刘××)	2022年12月25日	正常
4	电脑	2022年12月15日	004	302办公室	财务部(赵×)	2023年01月06日	正常
5	碎纸机	2023年03月05日	005	仓库			未使用
6	打印机	2021年11月05日	006	仓库			已报废

六、实训成绩评价

（1）课堂出勤率(20%)。

（2）公文处理工作能力训练考核成绩(30%)。

（3）编制固定资产管理列表(个人或小组作业,50%)。

第八节　生产安全工作能力训练

遏制重特大事故发生始终是安全生产工作的首要任务。安全专项整治始终是守牢安全生产基本盘、基本面的重要抓手。推进安全专项整治,必须坚持标本兼治,既要立足当前、重典治乱,又要兼顾长远、正本清源。

一、实训能力目标

安全生产最根本、最深刻的内涵是保护劳动者的生命安全和职业健康,是安全生产本质的核心。在实体经济社会能够提供的客观条件基础上,尽一切措施加强安全生产,保护工人的生命安全和职业健康。

通过生产安全工作能力工作标准训练,掌握生产安全工作各步骤的时间安排、实施地点、职能部门、工作资料的有关规定。通过训练,掌握生产安全工作制定的基本流程,结合专业知识撰写一份符合实际情况的工作报告。

二、实训理论基础

（一）生产安全的概念及其相关要素

1. 安全生产的含义

安全生产一般指安全生产管理制度。安全生产管理制度是为保证安全生产而制定的一系列规定,建立的主要目的是控制风险,最大限度减少危害,也可以依据风险制定安全生产管理制度。

安全生产关系企业员工的生命财产安全,关系改革发展和社会稳定大局。生产安全体现在物质保障、资金投入、机构设置和人员配备、规章制度制定、教育培训、安全管理、事故报告和应急救援等方面。

2. 安全生产的相关要素

安全文化建设：紧紧围绕“一个中心”（“以人为本”中心）和“两个基本点”（安全观念渗透和安全行为培育），思想内化，行为外化，不断提高员工的安全意识和安全责任，使安全第一成为员工的自觉行为。由于安全观念决定安全意识，安全意识决定安全行为。因此必须努力培养安全观念，培育安全意识。

安全法制：要建立企业安全生产长效机制，就要坚持“法治化”，用法律法规规范企业领导和职工的安全行为，使安全生产工作有法可依，建立安全生产的法律秩序。坚持“法治”原则，做到“立法”、“懂法”、“守法”、“执法”。“立法”一方面要建立、修订、完善企业安全管理相关的规定、办法、细则等，为加强安全管理提供法律依据；另一方面，要组织员工学习国家有关安全生产的法律、法规。

安全责任落实：各级要落实安全责任。企业应逐步签订安全生产责任协议。责任协议应当有具体的责任、措施和奖罚方法。

三、实训内容

（1）掌握生产安全工作的流程、工作内容和工作要求。

（2）掌握安全生产岗、行政事务岗、办公室文秘、办公室管理岗位人员的工作内容及职责。

（3）掌握生产安全工作中各步骤的时间节点、实施地点、职能部门的有关规定。

（4）掌握生产安全工作各个步骤需要准备的资料以及相应的工作成果。

四、实训操作步骤

（1）根据生产安全实训工作需要，准备电脑和相应实训软件。

（2）开展生产安全工作计划训练。

（3）开展生产安全工作思路训练。

（4）开展生产安全工作标准训练。

（5）熟悉生产安全工作标准，在规定时间内完成该工作标准考核。

（6）保存成绩，完成生产安全工作标准模块。

（7）根据所掌握的生产安全工作标准，编制案例企业生产安全方案。

详细表格见表 2.23 所示。

表 2.23　生产安全工作实训标准

工作流程	工作要求	工作人员	工作时间	工作地点	工作单位	工作资料
熟悉生产经营环境，了解安全生产要求	可行	安全生产岗	规定时间	办公地址	行政办公室	安全生产制度
		行政事务岗				生产经营环境
按照安全生产条件，完善安全生产制度	完整	安全生产岗	计划时间	办公地址	行政办公室	安全生产管理制度
		行政事务岗			生产部	
加强安全生产宣传，组织安全生产培训	合规	安全生产岗	计划时间	办公地址	行政办公室	安全生产培训计划
		行政事务岗				安全生产培训记录
						安全生产宣传资料
组织安全生产检查 了解安全生产培训	及时	安全生产岗	规定时间	办公地址	行政办公室	安全隐患记录
		行政事务岗		生产现场		安全生产记录
保证安全生产资金，消除安全生产隐患	正确	费用管理岗	即时	办公地址	行政办公室	安全生产隐患消除记录
		安全生产岗		安全隐患地点	财务部	安全隐患改进资金预算书
		行政事务岗				
安全生产总结评估，持续促进安全生产	完整	办公室主任	规定时间	办公地址	行政办公室	安全生产总结及评价报告
		行政事务岗				安全生产资料档案

生产安全工作与实施：

1. 安全生产制度

行政部安全生产管理岗在受权生产安全管理后，在了解熟悉本企业单位生产经营特点的同时，需要搜集并了解原有的安全生产管理制度，将相关企业原有安全生产管理制度作为进一步健全、完善生产安全管理制度的基础。

2. 安全生产培训计划

安全生产培训计划指企业单位生产安全管理部门在实施安全生产管理过程中，依据具体情况制定安全生产培训计划时所产生的资料。

3. 安全生产培训记录

安全生产培训记录包括培训时间、地点、培训内容、参加培训人员、使用教材、授课人、培训考试结果等，它是一个企业安全生产管理的业务证明。

4. 安全生产宣传资料

安全生产宣传资料指安全生产管理过程中产生的资料。安全生产关系到广大员工的安全健康，而且需要广大职工共同完成，所以要广泛宣传安全生产管理知识、制度、意识。这些资料包括安全生产管理制度、安全生产意识、常识、以前发生或其他单位发生安全事故的原因、教训等，干部职工要共同重视抓好安全生产管理工作。

5. 安全隐患记录

企业单位安全生产管理部门定期组织安全生产检察时产生的过程资料，即安全隐患记录，它实际上包含在安全生产检查记录中。

6. 安全生产记录

企业单位安全生产管理部门所做的日常安全生产记录，包括安全值班记录、安全检查记录、安全问题解决记录等。做好安全生产记录，属于安全生产管理工作最基础、最基本、非常必要的基本工作之一，可以作为安全事故分析、安全工作总结的重要依据。

7. 安全生产隐患消除记录

这个资料一部分已包含在安全生产检查记录中，因为在安全生产检查过程中对于发现的不安全隐患必然要制定消除措施。有些隐患当时能解决的会主即解决消除，不能立即解决的会在规定时间内解决消除。员工在生产操作中发现不安全隐患，即时报告给有关领导，及时采取措施予以消除。

8. 安全隐患改进资金预算书

行政部安全生产管理岗对于在安全生产检查、巡察中发现的或者其他部门反映的需要投入较大资金才能消除的安全生产隐患，制定消除隐患方案措施、预算并申请资金所产生的事中资料。有些企业因资金困难或隐患消除成本太高，领导控制预算致使安全隐患不能完全消除。所以消除隐患方案措施既要解决问题，还要节约资金、降低成本，但必须以确保安全生产为前提。

五、实训案例

×××公司安全生产实施方案

为了认真贯彻执行“安全第一，预防为主”的安全生产方针，抓好单位安全生产管理工作，确保公司工作安全运行，避免因不安全因素造成公司财产、人员损失，结合我公司实际情况，特制订本制度。

（一）成立安全生产领导小组

公司成立安全生产领导小组，由公司经理任组长，公司领导班子其他成员任副组长，公司属各科室负责人为成员。负责加强对全公司的安全生产管理，研究讨论和解决安全工作中出现的问题，贯彻落实上级有关安全工作的文件、政策、规定、指示。领导小组下设办公室，办公室设在公司内。

（二）安全小组机构设置

组长：×××
副组长：×××，×××，×××
成员：×××，×××，×××，×××

组长全面负责公司的安全管理及监督；副组长×××负责公司安全机制的制定及落实，公司主要的日常管理及监督工作，办公室、环卫、工程的日常安全工作；副组长×××负责财务部、垃圾处理部的日常安全工作；副组长×××负责绿化维护部的日常工作；组员负责本职工作内的日常安全工作。详细组织结构见图 2.1。

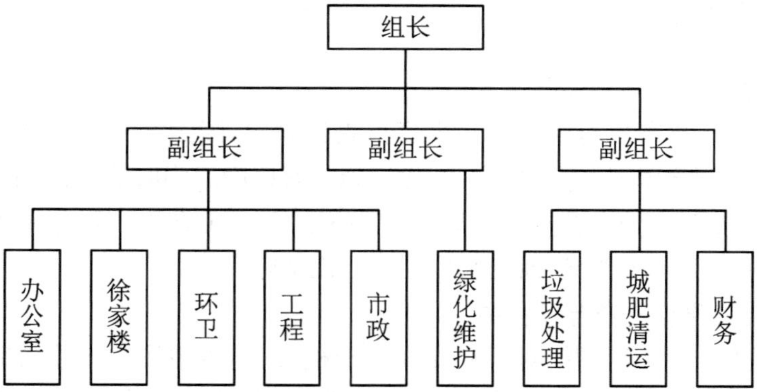

图 2.1　安全小组组织机构

（三）安全生产领导小组定期会议制度

安全生产领导小组每月定期召开全公司安全生产分析会，会议主要内容为分析全公司安全生产形势，研究解决安全生产方面的重要问题，安排部署安全生产工作；传达、贯彻上级安全生产工作会议精神；回顾、总结全公司安全生产工作情况；总结和交流安全生产监督管理方面的工作经验；根据需要，可随时召开安全生产工作专项会议，研究部署安全生产专项整治工作或其他有关安全生产的重要事项。

安全生产领导小组会议由组长主持召开，安全生产领导小组办公室组织负责召集与会人员，并作好会议记录。

（四）日常安全宣传教育制度

(1) 把安全宣传教育作为处一项经常性工作，高度重视，加强领导，真正做到宣传先行。

(2) 安全生产领导小组办公室负责制定全公司年度安全生产工作计划，经安全生产领导小组讨论通过后具体实施。

(3) 每季度在全公司组织一次安全生产集中教育活动，由公司安全生产领导小组办公室组织。参加人员为全公司中层以上干部及特殊岗位工作人员。

(4) 公司属各单位、各科室每月对本单位所属人员进行一次集中安全生产教育，主要是普及安全知识，增强广大干部职工的安全意识和法纪观念、提高职工的自护自救和自我防范能力；结合本单位的工作实际，根据环境、季节及有关法律、法规进行防火、防盗、防事故、防侵害、防中毒、防病等方面的宣传，并使之经常化、系统化、制度化。要善于利用发生的安全事故教育干部职工，防患于未然。特殊岗位工作人员要严格按照操作规程进行作业，严禁违规操作。

(5) 加强一般性安全教育。由公司安全生产领导小组办公室督促各部门在醒目位置张贴悬挂安全生产警示标语。专人负责制定计划、收集资料、编写材料，充分利用宣传栏落实好宣传教育工作，内容要时时更新。

五、建立严格的安全生产检查制度

(1) 公司安全生产领导小组每半年在全公司范围内进行一次安全生产大检查，重点：查事故隐患。检查机械设备、劳动条件、作业环境以及安全防护措施是否符合安全生产要求，是否做到规范化管理，事故隐患是否整改到位。

(2) 公司安全生产领导小组每季度对公司属各单位、各科室抽查，重点抽查以下内容：事故隐患及整改落实情况；安全生产规章制度是否健全、安全生产工作是否有正确认识，是否确立了“安全第一”的思想，是否将安全生产工作摆上应有的位置；以安全生产责任制为核心的各项安全生产管理制度的建立与执行情况，是否健全基础台账和档案资料。检查结果形成书面报告，在下一季度 5 日前报公司主要领导。

(3) 公司属各科室每月对本单位安全生产进行自查，检查内容要全面详实，在下月 5 日之前将检查结果以书面形式报至安全生产领导小组办公室。

六、限期整改制度

对在检查中发现的安全隐患，安全生产领导小组及时下发限期整改通知书，要求在规定的时间内完成整改，对不能按时完成整改的部门在全公司进行通报批评。

七、实行安全生产一票否决制度

(1) 一年内发生 3 次及以上重大事故或死亡事故。

(2) 部门单位发生隐瞒安全生产事故情节严重。

(3) 发生重大事故，造成恶劣影响的或直接经济损失在 50 万元以上。

(4) 安全生产工作滞后，重大安全隐患整改不力，不执行安全生产法律、法规。

凡是出现以上情况的单位或个人，除承担相应责任外，年终评比实行一票否决制，取消评优树先资格。

八、安全生产事故实行责任追究制度

安全生产检查结果纳入月、年度考核，作业单位安全生产情况与经费、奖罚挂钩。安全生产事故责任追究制度需另行制定。

第三章　人事工作能力训练

【导引案例】

人事管理的问题与解决方案

在一个充满活力的公司—创新科技有限公司，人事部门扮演着至关重要的角色。该公司的人事主管，面临着各种各样的挑战，他需要运用人事管理的各个职能来解决这些问题。

首先，作为人事主管，需要招募和选拔合适的员工，以满足公司的需求。然而，该公司最近遇到了一些招聘难题。由于市场竞争激烈，吸引优秀人才变得越来越困难。×××决定采取创新的招聘方法，如与高校合作、参加招聘会和利用社交媒体等。通过这些措施，他成功地吸引到了一批优秀的员工。

其次，人事部门需要制定有效的培训和发展计划，以提高员工的技能和素质。然而，人事主管发现员工培训的效果并不理想。经过调查和分析，他发现培训计划缺乏个性化和实践性。为了解决这个问题，人事主管与各个部门合作，制定了个性化的培训计划，并引入了实践项目和外部培训资源。这些改进措施提高了员工的学习成效和工作表现。

此外，公司内部存在着员工流失问题。人事主管意识到，员工流失不仅会给公司造成人事和财务上的损失，还会对团队的稳定性和工作氛围产生负面影响。为了解决这个问题，他采取了一系列措施，如提供有竞争力的薪酬福利、关注员工工作满意度、提供职业发展机会等。这些措施有效地减少了员工流失，并增强了员工的忠诚度和归属感。

最后，人事主管还需要处理员工关系问题。公司内部存在着团队间的摩擦和沟通问题。为了改善员工关系，人事主管鼓励团队成员参加团队建设活动，并建立了开放的沟通渠道。通过这些努力，员工间的合作和相互理解得到了提升，公司的整体氛围也更加和谐。

第一节　人力资源规划工作能力训练

人力资源规划，也叫人力资源计划，是指为实施企业的发展战略，完成企业的生产经营目标,根据企业内外环境和条件的变化,通过对企业未来的人力资源的需要和供给状况的分析及估计,运用科学的方法进行组织设计,对人力资源的获取、配置、使用、保护等各个环节进行职能性策划,制定企业人力资源供需平衡计划,以确保组织在需要的时间和需要的岗位上,获得各种必需的人力资源,保证事(岗位)得其人、人尽其才,从而实现人力资源与其他资源的合理配置,有效激励、开发员工的规划。它上承企业发展战略,下接企业发展过程中的各项经营数据,是连接企业战略和各项经营活动的重要桥梁。在当前数字经济时代,人力资源规划更应结合企业战略和相关业务规划,发挥出更加重要的作用,进一步提高企业绩效,积极打造企业内的“命运共同体”组织,实现企业基业长青的目标。

一、实训能力目标

通过实训巩固与人力资源规划相关的基础知识,完善自己的知识结构。培养分析、解决人力资源规划编制过程问题的能力。模拟实际工作的适应性,达到锻炼工作能力的目标。能够解读企业发展战略,使人力资源规划能够满足企业发展需求,以及独立编制人力资源合理规划,使企业各项人力资源活动有序化,并且能够积极调动现有员工的积极性和创造性。

二、实训理论基础

(一)人力资源规划相关基本概念

1. 人力资源

人力资源的概念最早是20世纪50年代管理学家德鲁克在《管理与实践》一书中提出的,由此掀起了管理学界众多专家学者的研究热潮。20世纪80年代,人力资源的概念首次引入我国,国内相关学者和行业管理者对人力资源管理的重要性有了一定的认识,通过不断地实践取得了丰硕的成果。人力资源即人事,最广泛定义是指人力资源管理工作,包含六大模块,分别为人力资源规划、招聘、培训、绩效、薪酬和劳动关系,多用于公司的人事部门,也是公司的一个重要的职位。公司的人员招聘、培训、职员的考核、职员的薪酬、职员调动都和人事有关。另一方面,人力资源也指在一个国家或地区中,处于劳动年龄、未到劳动年龄和超过劳动年龄但具有劳动能力的人口之和。

2. 人力资源规划

人力资源规划指的是以公司的发展战略为基础,结合具体的公司经营计划,对员工的供需情况进行分析和预测,为公司发展提供人力资源保障,确保在各阶段满足公司的员工需求。

3．工作分析

工作分析是指通过系统全面的情报收集手段，提供相关工作的全面信息，以便组织进行管理效率改善。工作分析也叫“职位分析”，主要是对一个人所从事的某项工作或任务进行全面分析。

4．员工招聘与选拔

员工招聘是指公司为了满足在特定时间和特定地点的人力资源需求，寻找外部人才的一种行为。而员工选拔则是指对已有的招聘人员进行面试、测试和考察，筛选出最符合职位要求的人员，以便将来更好地满足企业工作岗位的要求。

5．劳动关系管理

企业劳动关系管理是指企业所有者、经营管理者、普通员工和工会组织等在企业的生产经营活动中形成的各种责、权、利关系，即所有者与员工的关系、经营管理者与员工的关系、工人组织与员工的关系的总和。

6．薪酬与福利管理

薪酬与福利管理是根据职工工作表现和市场竞争性确定薪酬并提供福利待遇，以吸引、挽留和激励员工，提高员工的工作满意度和绩效的表现。

7．员工培训与开发

员工培训与开发是指企业通过多种方式使员工具备完成现在或者将来工作所需要的知识与技能，并改善他们的工作态度，使他们在现有或将来职位上的工作业绩促进企业整体绩效提升的一种策划和连续性活动。

8．绩效考评

绩效考评是指把企业的战略目标分解为可操作的工作目标的工具，使部门主管能够明确部门的主要责任，并以此为基础，明确部门员工的业绩衡量指标。主流商业管理课程将绩效考评的设计与实施作为对经理人的一项重要人力资源管理能力考核。

9．人力资源测评

人力资源测评是指测评主体采用科学的方法，收集被测评者在主要活动领域中的表征信息，针对某一素质测评目标作出量值或价值的判断过程，或者直接从表征信息中引发与推断某些素质特性的过程。

（二）人力资源规划程序

人力资源规划程序一般包括 3 个方面，分别为需求预测、供求分析、供求平衡。首先，对未来发展趋势进行分析，以企业发展战略为基础，企业需要收集整理外部环境的信息，并按照企业的发展战略对人力资源规划进行对比，优化人力资源规划。其次，人员预测，即人力资源供需预测要严格采用科学有效的方法预测未来的人力资源需求情况，确保在恰当时间能够有合适的人员供给。最后，人员评价即在企业供求平衡状态下，及时了解规划的实施情况，对实施结果进行评价，收集整理反馈信息，按照企业的实际情况与评价结果对规划进行调整，确保人力资源规划与公司的状况保持协调。

（三）人力资源规划的方法

人力资源规划方法主要有需求预测法、供给预测法、供求预测平衡法 3 种情况。人力资源需求预测方法包括德尔菲法、回归分析法、比率预测法、分合性预测法 4 种；人力资源供给预测方法包括马尔科夫模型预测法、经验分析法 2 种；供求预测平衡法是指公司对未来岗位员工供需进行实际预测，判断现阶段企业的人力资源是否符合企业发展所需，通过招聘、引进、裁员等方式使企业的人员配置始终处于相对平衡的状态。

三、实训内容

（1）了解企业战略，熟悉企业人力资源规划；

（2）了解企业人力资源现状，掌握企业 3～5 年发展目标。

（3）调查企业 3～5 年人力资源需求，完善相应人力资源规划。

（4）根据人力资源规划，拟定招聘/裁员方案，制定分步实施计划。

（5）依据招聘/裁员计划，做好人力资源经费预算，确保人力资源规划执行。

（6）对照企业发展战略内部和外部环境变化，做好人力资源规划方案动态调整工作。

详细内容见表 3.1。

表 3.1　人力资源规划实训内容

工作流程	工作人员	工作时间	工作地点	工作单位	工作资料
开　　始					
熟悉人力资源规划 了解掌握人力现状 （完整性）	人力资源规划岗	规定时间	人力资源部办公地	人力资源部	单位人事档案
					企业人事管理制度
					企业经营目标计划
熟悉三年工作目标 调查人力资源需求 （可行性）	人力资源规划岗	计划时间	人力资源部办公地	人力资源部	人力资源调查报告
	业务部门负责人			业务部门	部门工作计划

续表

工作流程	工作人员	工作时间	工作地点	工作单位	工作资料
整理人力资源资料完善三年人事规划（正确性）	人力资源规划岗	计划时间	人力资源部办公地	人力资源部	企业人力资源规划书
拟定招聘培训方案制定分步实施计划（可行性）	培训与开发岗	计划时间	人力资源部办公地	人力资源部	人力资源培训方案
	人才选聘管理岗 人力资源规划岗				人力资源招聘方案
编制人事资金预算保证人力规划实施（正确性）	人力资源规划岗	计划时间	财务部办公地	人力资源部	人力资源资金预算表
	薪酬管理岗		人力资源部办公地	财务部	
强化企业发展研究做好规划方案调整（及时性）	人力资源规划岗	规定时间	人力资源部办公地	人力资源部	人力资源规划审批决议
	绩效考核岗				企业人力资源规划书
结　束					

四、实训操作步骤

实训要求：

（1）根据人力资源规划实训工作需要，准备相应实训软件。

（2）开展人力资源规划工作计划训练。

（3）开展人力资源规划工作思路训练。

（4）开展人力资源规划工作标准训练。

（5）熟悉人力资源规划工作标准，在规定时间内完成该工作标准考核工作。

（6）保存成绩，完善人力资源规划工作标准模块。

（7）依据人力资源规划工作内容，完成企业人力资源规划文本。

人力资源规划实训操作步骤：

(1) 开始熟悉人力资源规划,了解人力资源现状,熟悉3年工作目标,调查人力资源需求。

(2) 整理人力资源资料,完善3年人事规划,拟定招聘培训方案,制定分步实施计划。

(3) 编制人事资金预算,保证人力资源规划实施。

(4) 强化企业发展研究,做好规划方案调整。

(5) 结束。

五、实训案例

××公司人力资源规划编制

××公司人力资源规划的制定将根据公司主营业务的发展方向,梳理各类职能部门对人力资源在各项业务中的具体需求,从人力资源的各项职能出发制订具体的落实计划予以承接落地,并在此过程中注重自身的能力建设。

(一) 企业战略解读

以业务战略举措为指引,提出人力资源面临的挑战,即对公司战略的解读,按照定位、目标、选择、举措的步骤,从公司的业务发展战略出发,分析HR面临的挑战(组织、人才规划、企业文化方面)。

1. 企业的战略定位

本企业的战略定位包括企业合作定位和战略定位,应根据企业实际情况制定。

2. 企业的战略目标

本企业的战略目标包括未来5年的战略目标和长期战略目标,根据企业实际情况写出具体实现步骤。

3. 企业的战略选择

××企业的战略选择分析如表3.2所示。

表3.2　××企业战略选择分析

定义与特征	成熟业务: 收入与利润的主要来源	增长业务: 市场增长和扩张机会的来源	创新业务: 未来长期增长的机会点
管理重点与指标(战略举措)	近期的利润表现与现金流;实现×××亿元的收入来源:标准产品增加×××功能,已突破×××;重点拓展×××等行业产品	收入的增长和投资回报;通过×××(并购/联盟/投资)进入×××行业,发布×××产品	回报的多少和成功的可能性;产品按时保质发布;市场宣传与产品推广;第一批×××客户的体验效果

（二）企业的战略举措

（1）关键举措，即写出关键举措，并标明责任人。

（2）衡量指标，即每年预期达成的目标（财务指标），可用图表表示，例如产品研发成果曲线。

（3）确定里程碑，即明确目标达成的重要里程碑。

（4）对资源的需求，即明确对资源的持续投入需求。

（5）行动，即完成关键举措需要采取的几项主要行动。

（三）人力资源面临的挑战

基于某企业战略，人力资源面临的挑战分析如表3.3所示。

表3.3　人力资源面临的挑战分析

业务发展方式	业务策略与措施	HR面临的挑战		
		组织和人才		企业文化
内生式增长	产品力：…… 营销力：…… 保障力：……	组织	……	……
		人才	……	
外延式扩张	投资规模：…… 投资产品：…… 细分领域：……	组织	……	
		人才	……	
整合式发展	打造整合平台：…… 促进资源整合：……	组织	……	
		人才	……	

企业的人力资源战略以组织、人才、文化为抓手，明确各项业务对人力资源的需求，即基于人力资源面临的挑战，聚焦“组织设计”“人才规划”和“企业文化”3个方面，分别深入分析并提出相应的优化方案。

1．人力资源战略目的探析

以公司发展战略为基础，制订出符合公司发展所需的组织设计、人才规划、企业文化3个方面的人力资源战略目标。

（1）组织设计（管控模式和组织架构）的战略目标。实施战略管控的高效企业能力，支撑新业务发展的灵活结构。

（2）人才规划（人才队伍的数量和结构）的战略目标。在管理人员方面，提前布局、培育备用领导力，建立可持续发展的领导力梯队；在专业人员方面，配置、发展核心专业队伍，在数量和能力方面达到业务要求。

(3) 企业文化(打造融合的多元文化)的战略目标。树立企业价值观，打造具有企业家精神的团队，重视并落实新企业、新员工的融合，建立以企业家文化为内核的多元企业文化架构。

2. 人力资源战略目标实施方案

(1) 组织设计战略目标的实施

① 基于对战略目标与当前现状的比较，分析“组织设计”存在的差距，并提出未来的优化建议；

② 确定上级机构(如××板块/事业部)对下属控股、参股公司的管控模式；

③ 结合对上和对下的管控模式，重新审视并优化各项职能(新增、调整、撤销等)；

④ 基于职能优化方案，设计新的组织架构(新增、调整、撤销部门或职责)。

(2) 人才规划战略目标的实施

① 基于对战略目标与当前现状的比较，分析人才规划与目标的差距，并提出未来的优化建议；

② 综合分析战略选择、战略举措、管控模式及职能调整情况，梳理出关键岗位；

③ 结合需求预测和人才盘点结果，识别关键岗位的缺口(数量和结构)；

④ 根据公司业务发展的需要，推算出未来 5 年各部门需增加的人数和平均增长率。

(3) 企业文化战略目标的实施

基于对业务战略的理解，从定义、阐述、宣传和管理工具等角度，分析现状并提出调整建议。

3. 人力资源各职能战略

以招聘、绩效、培训发展、薪酬福利等为落实手段，发起业务挑战，推动组织、人才和文化等方面的优化和更新。人力资源团队也要对自身的组织架构和职能分工进行调整，各人力资源职能要有针对性地部署各自的中长期工作，形成中长期规划，并明确年度重点工作，具体包括以下几个步骤：

(1) 为更好地满足业务需求，人力资源各项职能要基于现状，积极制定相应的战略目标和举措。

(2) 基于人力资源各项职能的目标和举措，明确未来架构以及各职能的角色分工。

(3) 基于人力资源各项职能的目标和举措，明确未来架构中的人员数量，同时认清各职能部门存在的人员缺口。

(4) 在明确人力资源各职能的目标、分工、架构和人员缺口后，设定未来 5 年的工作部署。

(5) 确定年度核心工作计划,并制订下一年的核心工作安排。

人力资源团队的能力建设过程中以人力资源团队能力建设为支撑,不断完善人力资源体系,实现人力资源职能目标。人力资源团队需要不断加强自身的能力建设,以更好地支撑公司总体以及部门战略目标的实现。

参照案例内容与实训工作标准模板,结合企业发展战略,合理编制一份企业人力资源规划方案。

六、实训成绩评价

(1) 课堂出勤率(20%)。

(2) 人力资源规划工作标准考核成绩(30%)。

(3) 编制人力资源规划方案(个人或小组作业,50%)。

第二节　单位组织设计工作能力训练

单位组织设计指的是以一个单位以所在的内部和外部环境为依据,对设计组织的框架结构、工作过程、目标任务、完成情况与激励等因素展开合理的重组,进而构成一个具体的单位结构,并最终确保组织的目标可以得到高效实现的一个动态过程。从根本上讲,它是指在一个公司中对经理与工人之间的劳动开展水平与垂直的分配过程。总体而言,单位组织设计包含了机构设计和体制设计两大部分。

一、实训能力目标

通过实训,巩固单位组织设计相关的基础知识,完善知识结构,在单位组织设计过程中培养分析、解决问题的能力。培养实际工作的适应性,达到锻炼工作能力的目标。能够解读企业发展战略,使单位组织设计能够满足企业发展需求,能够独立设计单位组织结构,使企业各项人力资源活动有序化开展,并且能够调动现有员工的积极性和创造性。

二、实训理论基础

企业组织设计理论的探讨可以分为两个时期,即古典企业组织设计理论与近代企业组织设计理论。学界普遍认为,泰罗在 19 世纪后期至 20 世纪初期,在其“科学化”的思想中,提出了“独立规划职能部门”、“职能工长制”和“特例主义”等一些组织性问题。接着，法约尔提出在企业的组织架构上，应运用“等级制”，建立“顾问”制度等。韦伯在中晚时期提出了官僚化的组织架构，并深刻地影响了随后的企业组织设计理论的发展。林德尔·福恩斯·厄威克继承了以往学者的观点，开创了一个新的理论。上世纪 80 年代以后，随着企业内部与外部情况不断改变，企业内部与外部的新观念、新制度与新方式不断涌现，企业内部也逐渐呈现一种新的特征。在当今社会中，企业的组织设计具有以下特点：组织的平面化、柔性化；组织运作的电子化；企业经营的智能化等等。在现代企业组织设计中强调“以人为本”，在企业的设计中融入人性化的管理理念，已成为企业发展的一个主要方向。

人性化本质上就是实现企业“以人为本”的管理目标，达到从理解人、尊重人的观点入手，对其进行理性化的组织设计，最大程度地调动成员的积极性和创造力，最终确保能够达到组织的目的，提升组织的经济效益，实现组织成员的自身价值。在传统的组织设计中，以权力的视角为主，尽管在现代企业的组织设计中，人的地位越来越重要，但却并未将人放在核心位置来考虑。在知识经济的背景下，企业必须坚持“以人为中心”的理念，才能更好地提升企业的竞争能力。

在一个企业的发展过程中，一个人性化的组织设计有着非常重要的作用：首先，它始终坚持从人的角度来考虑问题，这样才能够最大程度地调动员工的热情和创造力，从而将人的潜力发挥出来，从而推动企业的发展。其次，通过对企业进行结构优化，可以提高企业的内聚力，提高企业的综合实力；最后，通过优化企业的组织结构，可以有效提高企业的业绩，进而提高企业的竞争力，使得企业更好地发展。

（一）为员工营造一个良好的工作氛围

为员工营造良好的工作氛围。员工的行动会被周围的环境所影响，因此，要想提升员工的工作效率和工作积极性，就必须要营造一个对工作有利的客观环境。环境心理学认为，人在生活中精神的过度集中，会导致精神压力与忧虑；在开放式的办公室里工作，会让人觉得很不安全；有时候高分贝的噪声也会让人心烦。所以，掌握好工作环境中的各种影响因子，可以降低工作人员的精神紧张程度，从而提升他们的工作效率和工作积极性。为了达到这个目的，可以对员工的个人办公室空间进行合理规划，确保员工的个人私密工作区域，确保员工工作的私密性，同时还可以对工作区噪声分贝进行控制，增加绿色植物等方法，来最大限度地减少导致员工心理压力的诱因。

（二）关注人文软环境建设

1. 重视建立雇员间的和谐关系

人际交流是组织中的一个重要需要，所以重视员工间的人际关系建立，并对其进行合理优化也是反映人本主义的一个重要举措。“以人为本”的经营思想强调以人的需要为核心，且人际交流也是人类最基本的需求之一，所以重视员工间的人际关系建设,建立和谐的组织关系,营造和谐的工作气氛,是企业在进行人文主义建设时应注意的问题。首先,从人类的"趋同"本性出发,在进行机构设计时,要对机构的规模做出一个合理的计划。其次,关于交流的问题,企业要确保员工之间的水平交流和垂直交流都是畅通的。在横向沟通上,组织可以构建各个部门之间的标准化沟通通道,从而达到信息共享的目的,避免不同部门成员间的目标不一致。在垂直交流层面上,在进行组织设计时,应该以确保垂直交流为前提,在一定程度上削弱组织结构中的地位和层级概念,加强信息传输的弹性。与此同时,还可以进行一些跨层次的交流,这样就可以将底层的信息高效地传达到上层,从而最大限度地保护每一个层级中成员的利益。

2. 发挥非正规机构的优势

非正式组织指的是从正式组织中衍生出来的人与人之间相互吸引,以兴趣、需求等为联结点从而自发形成的系统。其更易于满足一个人的个体化的需要,并且其一经形成,就会在无形中形成各种行为准则,进而具有多种正面或负面的效应。所以经营者要合理利用这些信息,规避其负面效应,充分发挥其正面效应。要实现这一点,在进行设计的时候,一定要对其展开指导,让它的目的与组织的目的相吻合,这样才能满足组织中人员的需要,让他们之间更加融洽,增强他们的协作,让他们能够更好地发挥自己的作用。

3. 重视对职工的精神训练和指导

在现代企业中,随着压力的增大,企业中的一些员工精神问题日益凸显,而许多企业却因为种种原因而忽略了员工自身的精神健康。这样的环境必然会给企业的工作气氛带来消极的影响。所以要想创造出一个更加舒服、更加融洽的工作环境,企业在对员工进行培训的时候,应该在自身的基础上,适当地增加员工的心理指导。与此同时,企业的管理者还可以在企业管理中构建一套心理咨询的制度,对企业的员工进行调整与疏导,从而降低企业员工的心理压力。

(三) 对机构的界定

从更广泛的意义上来说,企业是一个以某种形式连接在一起的体系。在较小的范围内,组织是由人为达到某种目的,通过合作而联合起来的群体。

在对一个机构的界定上,有3种较为普遍的说法。一个比较直接的解释为"组织是一种为了达到某种特殊目的,通过分工与合作及不同层级的权力和责任制度,而组成的人的集合",这个解释包含3层意思。

1. 机构应该有自己的目的

每一个机构都有一个目的,不管这个目的是明示的或暗示的,都是一个机构生存的先决条件。公司以促进技术的发展和营利为目的,学校以培养高等科技人才为目的。

2. 企业各机构之间有明确的分工和协作关系

企业的劳动分工和协作关系受其目的的制约。一个企业要实现它的运营目的,就必须有不同的部门,如采购、销售、人事等。这就是一个分工,每一个部门都有属于自己的职责。只有将劳动和协作有机地融合在一起,企业的整体效益才会更高。

3. 机构中存在着权利和义务的层级分化

这是因为在进行了分工以后,为了更容易地达到组织的目的,必须给各个部门甚至是个人赋予一定的义务和职责。无论哪一种工作,都应该有必要的权利,但也应该有与之对应的义务。赋予了权利却没有义务,这就会造成权利被滥用,会对组织的发展产生不利影响。权利与职责是实现机构目标所必需的保障。

第一个理论是"行为论",指的是一个组织是由两个或多个个体通过自觉行动而形成的一种行为或效果体系。该理论侧重于一个或多个个体之间的合作,更适合于对组织运作进行研究。

第二个理论是"系统论",其本质为系统学派的一种观点,该理论认为一个企业是一个有着众多开放性子系统的社会性系统,它们互相影响,互相作用,任何一个子系统的改变,都会对其他子系统以及整体的运行产生一定的影响。按功能划分,可分为传感、信息、决策、加工等子系统;从组织结构来看,有个人、团队、士气、结构、目标、关系、权威等子系统。

任何一个机构都必须在特定的条件下才能生存并发展壮大。环境为企业提供了各种资源,并吸纳企业的产出,但也对企业施加了诸多限制。一个企业要想不断成长,就一定要对其所处的环境进行调整。环境无时无刻不在发生着改变,在这种情况下,为了应对各种情况,企业需要做出相应的调整与变革。企业对外部环境的不适应性是企业经营管理的一个重要因素。

一个机构和它所处的环境之间存在着互动关系,它依赖于其所处的环境,也依赖于其所处的一些机遇;在一定程度上,环境对一个机构的行为有一定的约束,同时也对该机构的输出结果存在影响。只有当一个企业可以持续地生产出符合需求的商品或服务时,企业才能从其生产中获得更多的资源与机遇。比如,当一个公司可以持续地制造出客户所认可的商品时,客户需要支付对应的金钱,而这个金钱又会成为公司的一种资源,从而推动公司的生产。

企业的员工配备是实现可持续发展的基础,是企业发展壮大的核心因素。其他还包含了各个机构的环境因素、政府因素等外部影响因素。比如,学校几乎不需要太多地依靠天气,而农业是否能够获得成功则主要依靠天气。这是由于各个机构所需要的外部因素是不一样的。在一个企业中,人才是最重要的资源。一个机构若没有足够多受过培训的人员,是无法存活的。一所学校不仅要有老师,还要有能力去招揽更多的学生。一家工厂要有一批技术过硬的员工,一批杰出的工程技术人才,一批杰出的营销人才。因此,人才是企业生存发展的基础。另外,人才储备的状况还会影响该机构其他资源的可用性,同时也影响到其他的环境因素。

没有一个机构是不需要资本的。资本可以从我们提供的商品或服务中获得,或者通过银行贷款、卖股票、发行债券等获得。资本在一个企业存在和发展中扮演着举足轻重的角色，它的存在和发展无时无刻不在推动着企业的发展。对于营利性机构而言，市场能否以较高的代价支付其所提供的商品或服务至关重要。若有一家公司愿意支付，公司便能兴旺发达；如果不这样做，该机构将会失效。客户是市场的最后裁决者，客户的偏好会对商品或服务的定价以及他们的销售产生直接的影响。竞争者也会对组织活动造成影响，其他厂商可以以更低的价格、更优的品质推出与此企业同样的产品或替代品，这势必会对该企业产品的价格和市场造成直接的影响。

文化传统、社会风俗以及社会生活中所处的社会环境构成了企业所处的社会环境。钢铁企业不能对大气造成污染，汽车厂生产过程中必须降低噪声，社会主义体制下的管理者必须尊重工人的合法效益，在少数民族聚居的地方开工厂必须顾及其宗教习俗。以上就是一些很好的实例，说明了在企业发展过程中，文化的影响是很大的。

国家的政策和法规是决定企业生存发展的主要因素。企业应遵守国家的方针与法规。比如，对国外的汽车进行限制，这就为国内的生产厂商带来了机遇；工业政策的变化给某些企业带来了利益，同时也给其他企业带来了麻烦；为了加快区域经济的发展，国家可以加大对区域内的资金投入，从而促进区域内的企业发展；消费基金的运用策略也会影响到员工工作的积极性；《中华人民共和国合同法》规定了对违约主体的处罚，同时也规定对违约主体的保护；与员工相关的法规会对该企业雇佣员工产生影响，以此类推。综上所述，在一个企业所处的环境中，国家所制定的相关政策和法规，对于企业所处的环境，同样会有很大的影响。

总而言之，一个企业的内部环境对于企业的发展起着双重作用，一方面为企业带来了资源与机遇，另一方面为企业施加了约束。所以，一个企业必须顺应其所处的环境，并充分地运用其所能带来的各种资源与机遇，来谋求自身的生存与发展。一个企业要理解环境中的各个因素，弄清楚哪些因素在企业的成败中发挥着至关重要的作用，这些因素对企业的行为有何影响，哪些因素是对企业行为产生直接的影响哪些通过间接的方式来进行调整，从而使企业能够更好地适应环境，对企业政策进行调整，加速企业变革。

（三）机构设置的特点

组织设计指的是以企业的结构为中心，对组织系统进行整体设计的工作。其主要内容包括对组织架构进行完整的设计，对组织中各个部门的责任与权限进行界定，对组织系统进行整体的设计工作，对组织中的结构图和工作流程以文字形式进行编写。

1. 企业机构设计面临的根本问题

“干嘛非要搞个什么组织架构出来？难道只有一位领导就不能管理一个机构

吗?"这种问题常常被人问到。事实上,在规模较大的企业中,存在着一种普遍的矛盾,即经营目标的复杂性和个体有限之间的矛盾。在面临着全球整合的经济环境和多变的市场环境下,在不断变化的科技和不同水平要求的雇员之间,在不断加剧的竞争中,任何一个企业的领导人都会感到自己的知识面过于狭窄,决定的事情越多,他们的时间越不够,他们的能力也越不够。在这样的状况下,唯一的办法就是建立合理的企业结构。这就涉及权利与职责的划分、分工与协调的问题,因此,需要对其进行适当的组织架构设计。在这种情况下,企业如何充分利用领导团队的功能,高效地处理这些复杂的问题,是企业机构设计的根本任务。

2. 企业机构的目标

从系统理论出发,认为企业在进行管理时,应充分利用企业管理中所拥有的一切,以实现利益最大化。一个系统的作用要比所有作用的总和更大,这是由系统理论揭示出来的一般规则。相同的一组元件,如电阻、电容、磁性天线、二极管、三极管、电线等等,如果按照一定的规律结合在一起,就会形成功能完备的半导体电路系统。线路图是一种由同一要素所构成的不同体系,其体系的作用也各不相同。同理虽然都是 2000 人,但如果按照不同的工作性质来分配工作,那效果就会大不相同了。一个好的机构,应该精简高效、功能划分清晰、效率高、团结一致,能充分调动个人的积极性和创造性,同时又能维持较高的团结性,还能起到"以一当十"的奇效。相反,一个不良的组织结构,会由于其机构臃肿、人浮于事而导致工作效率低下;由于职能不清而导致工作拖拖拉拉;由于有权无责导致权力滥用;由于有责任没有权限而导致工作上的消极怠工。在许多成功的企业中,可以发现许多很好的组织结构设计;反之,在失败企业中,大部分都能找到不合理的组织结构设计。

3. 机构设置

一般情况下,一个机构的设计可以分成如下的步骤:

(1) 按任务进行分工:将实现机构目标的总体工作分解为一系列性质不同,但相互关联的工作,这些工作应遵循目标统一、效益第一的原则

(2) 设立分支机构:将类似的工作划分成一个类别,然后在每个类别的基础上设置对应的部门。通过这种方式,企业内部按照不同工作性质分工,形成了具有不同功能的机构。

(3) 确定经营范围:所谓的"行政级别",就是一个上司可以直接控制下属的数量。根据个体的不同和所处环境的差异化,对管理进行合理的确定,并据此确定管理层次、权限、职责范围。

(4) 对工作职责的界定:赋予所有级别的经理职位,职责和权力以实现他们的工作,以建立一个机构中的权力关系。① 上级与上级之间的权利与义务的垂直权利关系,即上级与上级之间的权利与义务的划分,其重点是赋予上级与下属的权利与义务。② 直属机关和顾问机关的权力关系-水平权力关系,即直属机关权力是一种层级结构,直属机关主管拥有决策和指挥权力,对下属下达指令,下属不得不

服从，例如，公司总经理对于分部经理，大学校长对于系主任。而参谋权限则属于咨询权限，它的职责就是帮助各部门达成自己的目的。顾问通常具备一定的专门技能，能够在自己职责范围之内给一线主管提供多种意见，但是不具备超越一线主管对下属下达指令的权力。

4. 在机构运作过程中，对机构进行修订与改进

企业的组织设计并非一朝一夕完成，而是一个在实践中进行修正、改进的动态过程。在组织运作过程中，不可避免地会出现很多的矛盾与问题，同时也会获得一些有用的教训，这些都应该成为一种反馈机制，让领导们对原来的组织设计进行反思，做出适当的修正，从而不断地走向完美。

（四）机构的机构设置

1. 直线职能架构

在现代企业中，线性功能组织是最普遍的组织方式。其特征在于以线性管理为依据，在各级主管下设立相关的部门，根据功能和技术进行分类并组织。这个组织结构是根据特定的功能和专业进行分工，在各个层次上都设立了一个职能机构，领导之间都有一个与之对应的职能部门充当自己的助理，这样就充分地发挥了职能部门的专业管理功能。在这个体系中，管理者有两种类型，一种是直接领导者，就像军队里各个等级的长官一样，可以命令下属；还有一种是行政人员，就像是军方的参谋和后勤人员，他们可以给下属一些指示，但不能给下属下达命令，必须得到上面的授权。这样的区分，可以确保对整个企业进行统一的指导与管理。但是这样的体制也造成了权力的过分集中，凡是不能在某一部门作出决策的事情，最终都要交到主任手里。

2. 事业部架构

事业部架构指的是在一个企业中，对于拥有单独的责、权、利的产品或部门，采取分权的方式进行管理的形式。这种机构被称为“事业机构”，其应具备以下三个条件：首先，拥有自己的生产与销售，其本质为一个负责生产与销售的机构；其次，它拥有自己的权益，可进行单独的会计处理，属于企业的盈利机构；最后，其是一个拥有充分权利，能够自主管理的部门。

3. 矩阵结构

矩阵结构指既有按职能划分的垂直领导关系，又有按产品（项目）划分的横向领导关系的结构，被称为矩阵组织结构。矩阵制组织是为了改进直线职能制横向联系差、缺乏弹性的缺点而形成的一种组织形式。它把按职能划分的部门与按项目划分的工作小组结合起来组成矩阵，使小组成员接受小组和职能部门的双重领导。它的特点表现为围绕某项专门任务成立跨职能部门的专门机构，这种组织结构虽然形式是固定的，但人员却是变动的。

（五）按编制确定人员的原则

要做好编制和编制工作，必须遵守以下几个方面的原则。

1．达到公司的生产和运营目的为核心

2．人员编制上做到精简、提高效率、节约成本

（1）生产计划的制定必须具有科学性，这是制定人员编制的依据。避免为了留住更多的员工而故意增加产量。

（2）建立在科学的编制、应用等基础上。在确定了品种、产量之后，工作人员的数量与工作人员的数量是影响工作人员数量的重要因素。

（3）鼓励非全时工作。

（4）精简行政程序，降低行政层级，实现组织精简。

3．人员配置要符合新的工作分工和合作方式

伴随着电子计算机的运用，产生了信息的分工，也就是将信息处理和使用进行了分开，这在客观上需要配备全职的信息处理人员，而对旧式的人员进行相应的削减。

4．对各种类型的工作岗位进行适当的配置

（1）应在一定程度上对直接（工人、技术人员）与非直接的构成进行科学界定，并尽可能简化非直接劳动力的构成。

（2）必须对基础的生产性劳动者（直接参加生产的劳动者）和辅助性劳动者（第一型劳动者和第二型劳动者）之间的比例进行科学界定。在满足技术和设备要求的前提下，增加一线工作者的比例，是实现我国经济社会发展的关键。

（3）各工种间的配比应进行科学的选择。当产品的构成形式与工艺水平相匹配时，不同工种的工人人数有一个较好的比例。按照这样的比例进行分配，各工种的工作量将达到基本均衡，从而降低或杜绝“窝工”现象的发生。

（六）人事管理中的岗位分析

岗位分析是对影响企业经营绩效的重要因素之一。比如各个岗位的权利是不一样的，如果有什么事情发生，应该找谁来承担责任？在评估雇员工作的时候，应当以哪些准则为基准？在录用新雇员时，应聘者应具有什么品质？

在岗位分析中，“岗位”是一系列工作的结合，是为了实现一个具体工作的目的，由各种工作元素组成。一个岗位可以由一个人组成，比如首席执行官；也可以由1000名员工组成，就像一条生产线上的组装人员一样。工作和岗位是不一样的。工作就是一系列的工作，而岗位则是一系列的工作和责任。组装团队包括3个岗位，12个工作类型，包括组长，统计员和100个组装工人。在一个机构里，一个工作倾向于被指派到一个以上的人去做。

职位分析是一个有体系的程序，它决定了工作所需要的技能、职责和知识，是企业人事行政的基础,也是企业人事行政的重要手段。职位分析能决定职位的工作内容、职位的特点、职位的优劣。以上内容均可在岗位分析的成果(即岗位规范)中得到阐述。岗位描述通常由两部分组成,即岗位描述和岗位准则。岗位描述是关于工作任务,责任等方面的文字描述。而岗位准则是指人们在工作中必须具备的品质与要求。

1. 岗位分析中的关键问题

(1) 这份工作包含了什么样的身体与精神工作?

(2) 工作将在何时以何种速度进行?

(3) 工作地点及工作地点?

(4) 工作人员是怎样做的?

(5) 工作为何必须结束?

(6) 必须满足什么要求才能做好该工作?

2. 职位分析程序

职位分析程序如下:首先,作业分析应从作业描述、作业规格开始。其次,工作描述还包含了工作的任务、职责、环境等内容。职位要求包含了职位的知识、技能、能力。最后是工作的招聘、培训、评估、工资以及雇佣关系的相关内容。

人力资源战略一般包括三个方面,分别是职位分析、选择、考核。其中,分析环节是利用工作分析来实现的,也就是在对组织战略与使命、内外部环境,以及人力状况进行全面考虑的情况下,对人力资源方向进行具体的规划。职位分析是对组织内部员工年龄、知识、能力以及岗位设置等重要因素进行分析。比如,仅仅意识到一家公司需要招聘 100 名新雇员是远远不够的,还要了解每个职位所需要的知识、能力和经验。

3. 招募和选拔

招募是一种能够及时且充分地将合格员工引入企业的流程。这一过程由两个主要步骤组成:一是建立一个招聘方案,二是从应聘者中挑选合适的。招聘者若不了解必须具备哪些素质才能完成一份工作,则对应聘者进行录用和挑选是没有目标的。通过工作分析,该问题就会迎刃而解。虽然许多招聘者对于特定的工作没有深入了解,工作描述可以为他们在聘用和挑选应聘者方面提供一份清晰的指南。对于公司来说,选择一个合适的应聘者要比选择一个好的应聘者更加困难,也更加复杂,如果没有工作分析的依据,那么就无法完成招募选拔。

4. 训练

在岗位描述中明确规定了某个岗位对知识、技能、经验的需求,但目前的人员还没有达到该岗位所需的标准,则需要进行相关的培训。培训是为了提升人员的业绩,而岗位说明书是对测量人员业绩的基础指标进行了介绍,因此工作分析为培训与员工业绩改善提供了一条切实可行的路径。

5. 薪金

亚当斯的公正理论认为,在企业中通过企业之间水平对比,可以获得一种相对公正的结果。也是一种非常有价值的工资制度更是一种基于各人能力的工资制度,即人的工作与其重要程度有关,越是有价值的工作,报酬也相对较高。职位的职责、需要的技能、教育水平、工作环境,这些因素都会对职位的重要性产生影响。岗位分析法的一个主要应用就是将不同岗位之间的相关重要性进行排列比较,从而以科学的方式协助企业决定各个岗位的报酬等级,形成企业合理的薪酬体系。

6. 评价

评价的过程,就是把一个人的工作表现与他所期望的工作表现相对照的一个过程。通过工作分析,可以为企业制定出一个合理的业绩评价指标。在岗位说明书中,对工作职责、内容和要求所进行的工作,能够为评估人员提供便利,能够根据不同的岗位,对其进行评估。只有在此基础上构建的考核体系,才能够全面、准确地展开评估,进而发挥出激励效果。

7. 劳工关系

从工作中得到的资料对雇佣关系也有很大影响。在决定员工提拔、调动或降职时,工作规范可以为个人能力的评估提供帮助,帮助企业做出客观的人力资源评估。

三、实训内容

(1) 了解企业人力资源规划,熟悉企业工作环境和企业发展水平。

(2) 了解企业工作流程,熟悉企业组织架构。

(3) 掌握工作分工要求,保障工作效率和质量。

(4) 编制单位部门说明,调整优化部门设置。

(5) 优化部门工作划分,科学量化部门工作。

(6) 编写组织机构方案,公司会议讨论通过。

详细内容见表 3.4。

表 3.4　单位组织设计实训内容

	工作流程	工作人员	工作时间	工作地点	工作单位	工作资料
工作名称	开始					
	熟悉企业工作环境，了解企业发展水平（完整性）	人力资源规划岗	规定时间	人力资源部地址	人力资源部	企业工作方案
						企业工作环境
						企业工作项目
	调查企业工作流程，熟悉企业组织架构（真实性）	行政办公室主任	计划时间	人力资源部地址	人力资源部	企业管理工艺流程
		人力资源规划岗			行政办公室	企业组织架构表
单位组织机构设计	把握工作分工要求，保障工作效率质量（正确性）	人力测评管理岗	计划时间	人力资源部地址	人力资源部	项目工作标准
		人力资源规划岗				单位工作标准化
	编制机构部门说明调整优化部门设置（正确性）	培训与人才开发岗	计划时间	人力资源部地址	人力资源部	部门工作项目
		人力资源规划岗				部门工作标准化
	优化部门权责，划分科学量化部门工作（可行性）	人力资源规划岗	计划时间	人力资源部地址	人力资源部	工作量化统计表
		人才选聘管理岗				部门工作标准
工作标准	编写组织机构方案，讨论修正会议通过（可行性）	人力资源部经理	规定时间	筹委会办公地	决策层机构	单位组织机构设计方案
		人力资源规划岗		改制组办公地	公司改制组	组织结构设计图
				决策层办公地	新企业筹委会	
	结束					

四、实训操作步骤

(1) 根据单位组织设计实训工作需要,准备电脑和相应实训软件。
(2) 开展单位组织设计工作计划训练。
(3) 开展单位组织设计工作思路训练。
(4) 开展单位组织设计工作标准训练。
(5) 熟悉单位组织设计工作标准,在教师规定时间内完成该工作标准考核。
(6) 保存成绩,完成单位组织设计工作标准模块。
(7) 根据所掌握的单位组织设计工作标准,编制案例企业单位组织设计方案。

单位组织设计实训操作步骤:首先需要熟悉企业工作环境,了解企业发展水平,然后调查企业工作流程,熟悉企业组织架构。其次掌握工作分工要求,保障工作效率质量,编制机构部门说明,调整优化部门设置。最后划分部门权责,科学量化部门工作,编写组织机构方案,讨论并修正会议通过,整个实训步骤结束。

五、实训案例

××公司组织结构设计

(一) 公司简介

××公司作为集团下属的一家大型公司,于 2002 年创立,专注于提供各种智能化设备以及智慧城市的综合性服务,2010 年成为集团全资子公司,并于 2012 年正式挂牌成为××智能化集团。

××集团现以浙江杭州为中心,在北京,四川,湖南,广东,江苏,山东等 10 个地区均有分支机构。

(二) 公司主要经营业务

目前,××公司主要经营的是两个主要的业务,分别为智能化的高铁服务和智能化的城市交通服务,在技术创新的同时,××大数据、人工智能等新兴技术在行业中得到了运用。

(三) 公司的发展思想

××公司以"让城市更聪明,让运输更平安"为发展宗旨,以"智慧运输"为核心,以云计算等最新技术为核心,为各大城市的智能化改造提供智能化服务。

公司秉承"以市场为导向,以技术为本,以服务为宗旨"的经营理念,坚持独立的研发和技术的革新，不断地为客户带来更多的利益，目前已在国内设有3家研发中心，1家海外研发中心。××公司基于“天道人心”的核心思想，从六个方面对其进行了概括：

（1）遵守规则，即以伦理法则为基础，以企业的各项行动和人员的行动为准则，遵守环保发展的规则，相信只有努力，才会有收获，不能抱着任何道德上的幻想。

（2）努力工作，以人为中心，培育勤奋工作的人才。

（3）以顾客为满意目标，鼓励雇员树立无私的奉献精神，在工作中以顾客的需要为起点，以顾客的满意为行为标准。

（4）一诺千金。一个公司应该遵守自己的合同，一诺千金，把自己的利益与公司联系在一起，而不是单纯的雇佣关系。同时，员工也要遵守与公司之间的合同规则条款，在公司的工作中要保持诚信理念，从顾客的角度出发，他们面对的员工是公司代言人。

（5）团体协作，雇员要养成团体协作精神，以团体为单位，最大限度地利用团体协作所产生的合力，使团体活力得到最大程度的释放。

（6）求实与变革，首先需要公司与职员都要脚踏实地，根据公司的发展情况作出决定。其次对公司及个体的需求，需要他们保持一种不断改变的、不断调整的、不断更新的、不断提高的、不断提升的、不断发展的、不断完善的、不断进步的、不断升级的、不断革新的、不断变革的、不断成长的、不断壮大的、不断增强的、不断进化的、不断自我更新的、持续不断的自我革新的能力。

为了××公司目前的组织结构进行剖析和优化，首先要对公司的发展情况做一个简要的梳理，然后在此基础上对公司进行转型，从而为后面的优化和剖析做好准备。在过去两年中，××公司因受到市场形势和公司发展策略的影响，经历了一次较小规模的机构调整。

（四）教育程度的分配

××公司在2017年末的时候，共有168名雇员，其员工的教育程度统计详细见表3.5。

表3.5　××公司雇员的教育程度

学历	硕士以上	大学学士	专科学校	专科及以下	合计
人数/人	23	46	56	43	168
比例	13.69%	27.38%	33.33%	25.60%	100%

问题：请根据××公司业务和雇员学历等基本情况，设计一份该公司的组织结构图。

六、实训成绩评价

（1）统计课堂出勤率（20%）。
（2）单位组织设计工作标准考核成绩（30%）。
（3）设计公司组织结构图（个人或小组作业，50%）。

第三节　单位内部岗位设置工作能力训练

分析人力资源管理、关注岗位设置体系是人力资源开发与管理单位的重要工作内容，也是提高公司人力资源开发与管理效果的有效途径，可为人力资源管理提供导向。岗位设置体系的逐步完善，需要以激励体系的科学构建为基础，通过加大人力资源管理力度充分彰显各部门员工的工作积极性，以此实现企事业单位效能的有效发挥。

一、实训能力目标

通过实训，巩固单位内部岗位设置相关的基础知识，完善知识结构，培养分析、解决单位内部岗位设置过程问题的能力。加强模拟实际工作的适应性，达到锻炼工作能力的目标以及能够解读企业发展战略，使单位内部岗位设置能够满足企业发展需求。能够独立设置单位内部岗位，使企业各项人力资源活动有序化，并且设置的单位内部岗位能够积极调动现有员工的积极性和创造性。

二、实训理论基础

岗位设置是一个企事业单位根据自身的特点，对实现自己的工作目标而进行的组织和分工工作。每一个岗位均应该有具体的工作职责任务、工作规范标准及相应的任职要求。岗位设置需要详细分析企业机构的工作流程，确定组织编制、工作基本信息、工作内容、工作条件和任职条件等。由学校依据编制机构或部门自行核定的岗位编制目标数和所属领导岗位职数，在经过审批的岗位总量、结构比例和最高级别限额内，按照精简、效能原则，科学、合理地设置不同类型的岗位。岗位设置的数目应该是在工作任务可实现范围内最少，配合最有效，发挥最积极，关系最协调，系统最科学。通过岗位设置，能有效优化企业人力资源配置，完善企业专技人才队伍建设和组织结构，调动企业员工的积极性和创造性，促进企业业务健康发展。

（一）岗位设置的重要价值

1. 健全人才聘用体系，展现人才价值

作为企业管理的核心内容，人力资源管理中科学的岗位设置可为人力资源合理分配提供支持，能够彰显人力资源分配的创新性与有效性。企事业单位内部员工人数众多，具备丰富多样的岗位类型，岗位设置工作的优化开展利于企事业单位人才聘用体系的逐步健全，同时也可增强人才聘用的科学性，可在薪酬分配制度中实现与岗位设置的充分融合，可对以往企事业单位陈旧的人力资源管理模式进行优化调整，能够通过对管理问题的化解及缺陷的弥补充分彰显人才价值。

2. 创新人力资源管理，完善发展模式

面对市场经济的快速发展，企事业单位的外在发展环境发生了巨大转变，传统人力资源管理模式与其发展需求呈现不协调的问题，不仅会延缓企事业单位的发展速度，同时也会导致其自身发展与市场经济发展存在一定的不适应性。岗位设置工作作为人力资源管理的核心内容，其合理性的开展，有利于企事业单位构建更加完善的发展模式，从而为企事业单位长效、稳定发展提供动力支持。

3. 彰显人力资源效能，提供充足人才保障

当前阶段，企事业单位逐步认识到了自身发展中人力资源管理的重要价值，并为人力资源管理工作开展提供了充足支持，岗位设置方面资金、人力及资源的投入逐步增加，并且国家方面也针对岗位设置提出了明确的要求。企事业单位需要立足自身发展实际，结合当前发展状况，秉持科学性与合理性原则设置内部岗位，以便充分展现单位发展中人力资源管理的价值，以此为企事业单位的良性与持续发展提供充足的人才基础。

（二）岗位设置的基本要求

1. 实现改革、发展与稳定的有机融合

企事业单位的岗位设置要把握改革、发展及稳定相互融合的要求，为不同类型人才的协调提供支持，在更加契合人才自身能力素质的岗位之上，确保其专业技能优势的充分彰显，从而保证不同类型人才价值的最大化发挥。

2. 依托专业设置确保主次结合

企事业单位运营发展中需要技术、管理、工勤等各岗位人才，而技术人才、管理人才是驱动单位发展的人力保障。因此，岗位设置方面应分清主次，明确重点，将技术及管理人才的岗位设置作为核心点，充分发挥后勤等岗位的辅助作用，以此充分展现各类人才的专业优势。

3. 加强总体控制与结构调整

人才结构优化调整是企事业单位人力资源管理中岗位设置的主要目标，为增强人才结构与社会发展趋势的协调性，促进岗位结构的合理化，企事业单位的岗位设置应遵循总体控制与结构调整相结合原则，以便通过合理的岗位设置促进人力资源综合素质的有效提升。

（三）企事业单位人力资源管理中岗位设置的导向性作用

1. 分类管理人才，助力聘用人员岗位转型

岗位的合理设置，可将聘用人员划分为专业技术、管理、工勤技能等不同岗位，根据各岗位的具体岗位职责再进行岗位层次与等级的细化分解。人才聘用工作完成后，需要对各个岗位的要求展开详细分析，以此作为管理各岗位人员的重要依据，不仅能够有效规避人力资源管理无序化的问题，也可及时化解人力资源管理中出现的问题，增强企事业单位人力资源管理的规范性与科学性。

2. 明确岗位职责，推动全员聘用实现

在企事业单位人力资源管理体系逐步构建完善的过程中，聘任制得到了一定程度的应用，然而立足实际，在一些事业单位中全员聘用制并未得到全面推行。作为人员聘用基础的岗位设置可为全员聘用制的实施提供保障，应聘人员可通过了解各个岗位职责，根据自身特点进行应聘申请提交，人力资源管理部门可针对性实施审核，并与应聘者签署聘用合同。在此过程中，岗位的合理设置成为确保全员聘用制有效实现的关键一环。

3. 促进专业考核，为人才继续聘用提供依据

企事业单位岗位设置工作的开展，可基于岗位的不同而设定不同的职责体系，并结合本单位的人力资源管理需求构建与之相匹配的人才考核评价机制。对于事业单位而言，各岗位的受聘期限一般为 3 年左右，需要在达到受聘期后，针对受聘人员开展工作绩效考核与评价，岗位设置可使各岗位的任职要求、绩效达成标准更为清晰，利于客观、精准地完成考核，从而为受聘人员是否继续聘用提供可靠参考。

4. 消除委任制，落实管理干部任期制

人力资源管理中，一些单位受到传统经营管理思想限制，仍然应用委任制标准聘用人才。而人力资源管理中的岗位设置，可使各岗位人才的聘用标准更加清晰，可根据受聘人员的能力素质选择是否聘用，并且聘用人员的聘用合同签署时间均不超过 3 年。如此便可突破干部终身制职责的限制，消除委任制，从而确保管理干部任期制度得到贯彻与落实。

（四）企事业单位人力资源管理中岗位设置的关键内容

1. 全面的数据调查

数据调查是增强企事业单位岗位设置合理性的关键所在。通常，人力资源管理中应于岗位设置之前需全面分析与调查各个岗位相关数据信息，利用现代化调查技术手段，充分了解企事业单位当前的人力资源分配与利用情况，明确岗位职责的划分是否科学合理。数据调查时，要将人力资源结构分析作为重点，明确工作效率评价指标、对本单位内部的科研情况加以掌握。同时，数据调查中应将人力资源的年龄结构、知识结构、职称结构作为调查核心，并针对人才的岗位资质以及科研课题等其他方面开展调查。在基础性数据收集完成之后，还需由专业人员针对性处理与分析这些数据，从而全面掌握企事业单位的人才需求，根据数据调查结果合理设置岗位，科学拟定人才招聘、人才培训等相关方案。

2. 充分的意见征询

合理的岗位设置应做到充分征询与科学参考各部门意见，可利用召开座谈会的方式，在各部门共同参与下，收集各部门针对岗位设置方面所提出的意见及建议。座谈会议召开时，企事业单位领导层也应参与其中，以本单位长效、持续发展目标的实现为基础，对人才建设需求进行分析，明确具体的人才能力及素质要求，并对人力资源培养方面所面临的问题进行分析。在各个部门的相互沟通过程中，通过集思广益、思想碰撞，探讨出化解人力资源培养问题的有效对策，在人力资源管理部门的整合分析下，明确各部门关于岗位设置的具体要求，从而确保岗位设置更加科学合理，制定出的人才建设方案更具可行性。

3. 合理的比例设置

企事业单位的岗位设置应以合适的比例设计作为重点，以各部门人才建设情况、人才培养与利用状况为依据，结合本单位战略发展规划与单位发展目标，通过召开座谈会议、构建主动反馈机制等方式，及时把握各部门的人才需求，总结人才培养与利用的瓶颈所在，从而通过岗位设置比例的合理分配，对人才需求高的部门给予合理支持，根据科学的比例调整各部门的在岗编制人数，确保岗位设置比例与人力资源管理需求相符，同时也更加契合人才配置要求。

4. 严谨的部门推荐

完成岗位设置以后，企事业单位应在内部成立专门的人才聘用小组，建立聘任审核委员会，由其负责人才考核及任用。人才聘用小组应涵盖领导层及基层员工，聘任过程中应以各部门岗位需求量、岗位职责、人才聘用要求为依据，严格审查各个应聘人员的资质及能力素质，根据聘任要求优选应聘人员，合理筛选与调剂应聘人员。之后，由聘任委员会负责审查通过聘用申请的人员，根据审查结果确定拟录用人员名单，经过公示且无反对意见后，人力资源部门方可正式录用人才。

（五）企事业单位人力资源管理中岗位设置导向作用展现的有益路径

1. 增强岗位设置及人才聘用过程的透明性

企事业单位人力资源管理中岗位设置的导向性作用的展现要有特定条件，需要通过透明化的岗位设置与公平公正的人才聘用，引导各部门及相关人员更加自主与积极地参与并配合岗位设置及人才聘用工作，方能彰显岗位设置在人力资源管理中的应用价值。岗位设置除了要在人力资源管理部门的监管之下开展以外，还要接受其他各部门的监督。可由各部门人员参与共同建立岗位设置监督团队，由其负责全面监督岗位设置的整个过程，以此确保岗位设置的科学性与合理性。岗位聘任的过程中，也要秉持公平公正的原则，基于透明的环境之下进行聘任方案的评选，从而通过岗位的合理设置为人力资源管理工作有效开展指明方向。

2. 根据岗位设置合理制定人才考察制度及培养方案

岗位设置方案确定之后，各岗位的职责、评价标准均得到清晰、明确制定，企事业单位员工可依据岗位设置驱动自身发展，以岗位设置中的职位描述为基础确定自身发展方向，利于工作人员内驱力的激发，以及主动工作意识的提升，同时基于工作岗位获得经验积累与能力锻炼。企事业单位应注重岗位设置在人力资源管理中导向作用的充分发挥，以岗位设置为依据，建立与之相契合的人才胜任力考察标准，制定科学合理的人才培养方案，并在此基础上推行奖惩激励机制，构建完善的薪酬绩效管理体系，以此激发企事业单位员工的工作动力，最大化挖掘员工的潜在价值，通过人力资源结构优化促进人力资源管理改革的成功。

3. 基于单位发展战略分析实现岗位的合理配置

对于企事业单位而言，设置符合单位战略发展目标实现要求的岗位，是人力资源管理中岗位设置价值充分彰显的重要保障，若岗位设置脱离本单位战略规划及目标，则会限制其实施的可行性。这是由于企事业单位内部存在多个部门，各部门的人才需求存在明显差异，且各部门所占据的地位也各不相同。因而企事业单位必须结合自身发展实际，根据各部门在单位中的重要程度合理设置岗位，对重要部门给予适度的岗位设置数量倾斜，以此为企事业单位各部门的良性运转提供有力支持，为企事业单位的长效性、稳定性发展提供充足的人力资源保障。

（六）岗位设置

1. 岗位设置

岗位设置是一个企事业单位根据自身的特点，对实现自己的工作目标而进行组织和分工。每一个岗位均应该有具体的工作职责任务，工作规范标准及相应的任职要求。

岗位设置需要详细分析企业机构的工作流程，确定组织编制、工作的基本信息、工作内容、工作条件和任职条件等。由学校依据编制机构或部门自行核定的岗位编制目标数和所属领导岗位职数，在经过审批的岗位总量、结构比例和最高级别限额内，按照精简、效能原则，科学、合理地设置不同类型的岗位。岗位设置的数目应该是在工作任务可实现范围内最少，配合最有效，发挥最积极，关系最协调，系统最科学。通过岗位设置，能有效优化学院人力资源配置，完善学校专技人才队伍建设和组织结构，调动全校员工的积极性和创造性，促进学校业务健康发展。

2. 岗位设置的基本原则

(1) 关于设岗内容

明确岗位职责和任职资格，是中国严格执行专技职务聘用制，合理设置自己的任职时候不可缺的一部分。这里所说的岗位，一般是指其职务，职责，资历的总称，不是由一个人决定的。岗位是相对固定的，每一个人都是完全符合资质的，任何在岗位上工作人都应该是完全合格的，并履行相应的岗位职责。因此，职位的设置和分配以及岗位的合理界定，都是建立在明确岗位职责，合理分工的基础上，以合理的人选为基本要求，以合理的人员为保障。否则，就不能充分体现合理的岗位设置原则，不能充分说明岗位的分布和结构。岗位内容分工混乱无序，无法实现总体目标也完不成任务，同时，也有可能造成企业因人设岗、就业少而无岗等现象。

(2) 职位设置原则

职位具体设置的总原则和基本指导思想是以人为中心，按岗位性质设置职位，按职位选人。公司、部门怎么合理选择自己的职位就应该必须要根据实际情况的需要来设定，岗位的设置不能只依靠现有编制的人员和获取到的职务总量，有些还要考虑到当前一段时间内的具体职责。所谓实际需求，指的是现阶段明确的目标和任务，是必须执行的，或者是有条件可以继续进行的，不是计划中的，或是将来完成的任务。

遵循最少的岗位人员数量为准则。任何一个单独的机构，其所处岗位的人数都是有限的，一个机构所处岗位人数的多少，取决于该部门本身在整个体制中的地位和功能，取决于该部门不能需要完成任务的多少、复杂性程度，以及对技术人才的需要和资金使用状况等。因此一般情况下，只能根据单个专业职位的所有工作量和绩效指标，按职位数最少，绩效时间最长的原则确定岗位数。一个人员可以负担并且能够完成的，不可以额外增加到两个人员。从而做到少花钱的同时能够取得最大的效率与最大的经济利润。

职位设置中最低岗位的基本原则，也叫为能级层面原则。不同的企业在工作阶段、不同的岗位特点、不同的工作属性、不同的任务，职责不一样，难易水平也不一样，对于岗位的要求也不一样。单位最高级别的职务档次究竟是否被设置为哪一级别，应由以上因素决定，按其工作属性、责任重要程度、难易过程，从较低的岗位设起，避免较低的岗位所能够承担的职责和任务由更高的岗位承担。

协调配合原则也叫整分组合原则，即任一个职务岗位不能单独地进行设置，必须要从总体角度考虑上下左右相互协调适宜的关系。每个专业的职务岗位都需要在总体目标、任务下都有明确的划分，并且要在划分的基础上建立起一个相互协调和配合、优化组织的岗位群众。因此，在对设定的岗位进行合理地分布和选拔时，必须以各级管理部门的职能、目标等作为主要依据，进行层层的分解，直至每一项具体的工作，合理地确定至各自的每一个岗位评价每一个岗位的职位设置是否正确合理，取决于其目标任务是不是明确具体，职责范围是否与总经理相同，是否与其他岗位的岗位协调配合。

人员组合和逐步过渡的基本原则。并不是说不用考虑任何个人的因素和现况，而是要从现阶段的实际出发在对岗位的设置和工作人数调整中，在始终坚持聘任制原则的基本前提下，采取稳妥的选拔过渡方式。

三、实训内容

（1）了解企业工作环境，熟悉企业发展水平。
（2）熟悉机构设计方案，掌握企业部门工作。
（3）调查岗位工作要求，保障工作效率质量。
（4）编制岗位工作项目，整合岗位工作标准。
（5）明确岗位任职条件，实现岗位工作量化。
（6）编写岗位设置方案，公司会议讨论通过。
详细内容见表 3.6。

表 3.6　公司岗位设置

	工作流程	工作人员	工作时间	工作地点	工作单位	工作资料
工作名称	开始					
	调查岗位工作要求，保障工作效率质量（正确性）	人力资源规划岗	规定时间	人力资源部地址	人力资源部	企业工作项目
						企业工作方案
						企业工作环境
	编制岗位工作要求，保障工作效率质量（正确性）	行政办公室主任	计划时间	人力资源部地址	行政办公室	组织结构设计图
		人力资源规划岗			人力资源部	企业机构设计方案
单位内部岗位设置	调查岗位工作要求，保障工作效率质量（正确性）	人力资源规划岗	计划时间	人力资源部地址	人力资源部	项目工作标准
		人力测评管理岗				单位工作标准化
	编制岗位工作要求，保障工作效率质量（正确性）	培训与人才开发岗	计划时间	人力资源部地址	人力资源部	岗位工作项目
		人力资源规划岗				岗位工作标准

续表

<table>
<tr><td rowspan="4">工作名称</td><td>工作流程</td><td>工作人员</td><td>工作时间</td><td>工作地点</td><td>工作单位</td><td>工作资料</td></tr>
<tr><td>开始</td><td></td><td></td><td></td><td></td><td></td></tr>
<tr><td rowspan="2">明确岗位任职条件，实现岗位工作量化（正确性）</td><td>人力资源规划岗</td><td>计划时间</td><td>人力资源部地址</td><td>人力资源部</td><td>岗位工作量化统计表</td></tr>
<tr><td>人才选聘管理岗</td><td></td><td></td><td></td><td>岗位任职条件</td></tr>
<tr><td rowspan="4">工作标准</td><td rowspan="3">编写岗位设置方案，论修正会议通过（可行性）</td><td>人力资源部经理</td><td>规定时间</td><td>筹委会办公地</td><td>决策层机构</td><td>部门岗位设置方案</td></tr>
<tr><td>人力资源规划岗</td><td></td><td>改制组办公地</td><td>新企业筹委会</td><td>岗位说明书</td></tr>
<tr><td></td><td></td><td>决策层办公地</td><td>公司改制组</td><td></td></tr>
<tr><td>结束</td><td colspan="5"></td></tr>
</table>

四、实训操作步骤

(1) 根据单位内部岗位设置工作需要，准备电脑和相应实训软件。

(2) 开展单位内部岗位设置工作计划训练。

(3) 开展单位内部岗位设置工作思路训练。

(4) 开展单位内部岗位设置工作标准训练。

(5) 熟悉单位内部岗位设置工作标准，在规定时间内完成该工作标准考核。

(6) 保存成绩，完成单位内部岗位设置工作标准模块。

(7) 根据所掌握的单位内部岗位设置工作标准，编制案例企业单位内部岗位设置方案。

岗位设置步骤：首先依旧需要熟悉企业工作环境，了解企业发展水平，然后熟悉机构设计方案，掌握企业部门工作。其次调查岗位工作要求，保障工作效率质量，接着编制岗位工作项目，整合岗位工作标准。明确岗位任职条件，实现岗位工作量化。最后继续编写岗位设置方案，讨论修正会议通过后，整个进程结束。

五、实训案例

中国××国际机场公司内部岗位设置

中国××国际机场公司是省管省会机场，主要负责机场运营和各项民用航空运输地面服务保障，配套商业资源管理开发，参与发展临空经济及投融资等业务。该机场自1997年成立以来，每年的旅客吞吐量增速在15%左右。随着机场的发展，该机场获得了国际机场称号，国家发改委正式批复同意进行航站楼等主体的扩建。通过10余年的发展，旅客吞吐量达到1252万人次，货邮吞吐量超过8万吨，起降飞机11万余架次。2019年实现旅客吞吐量2200万人次，位居全国机场第20位，2020年受疫情影响旅客吞吐量有所下降，但排名上升至15位。

（一）××国际机场公司结构

1．人力资源

"十三五"期间，公司员工总数由1497人增加至1973人，现有研究生41人、大学本科705人，高级职称3人、中级职称28人、初级职称89人，职业技能人员689人；竞聘、选聘基层管理人员75名，提拔任用中层管理人员24名，员工年均总收入由2015年6.85万元增加到10.64万元，同比增长55%，位于全省国企中上水平。

截至2020年底，××国际机场公司共有员工1973人，其中中层以上管理人员42人，占总员工人数2%；基层管理人员102人，占总员工人数5%；专业技术人员13人，占总员工人数1%，其余为一般员工。

在1816名普通员工中，职能部门员工33人，服务类员工436人，安全保障类员工932人，生产操作类员工135人，维修技术类员工280人。

2．年龄结构

从数据来看，目前公司1973人名员工平均年龄为31岁。其中，24～35岁员工人数最多，共计969人，占比49%；25岁以下员工人数次之，共计474人，占比24%。在公司管理人员队伍中，中层管理人员平均年龄为46岁，整体年龄结构的峰值在46～50岁；基层管理人员平均年龄为41岁，峰值在44～50岁。

管理人员梯队年龄断档现象严重，未来5年弊端更加明显。从静态推演结果来看，未来3年、5年后管理人员年龄梯队断档将更为极端，46岁以上管理人员将从46.4%，提高到47.9%、51.75%。

3．学历结构

机场属于劳动密集型产业，员工岗位主要集中在一线业务型岗位。××国际机场公司员工1973人中，员工学历为大学专科的人数最多，占比为38.11%，员工学历为大学本科的人数次之，占比为35.71%，有41名员工为研究生学历。××机场公司员工 1973 人中，获得专业技术职称的员工所占比重为 6%；其中，获得高级职称的人数仅为 3 人。公司现有合同制员工中，获得职业技能等级认证的员工所占比重为 35%；其中获得技师及以上等级的人数仅为 15 人。

截至 2020 年底，××国际机场公司人工成本总额为 3.42 亿元，工资总额为 2.1 亿元。人均人工成本约为 17.33 万元，人均工资总额为 10.64 万元。“十三五”期间××国际机场公司工资总额增加近一倍，年平均增幅为 14.6%。人均收入从 2015 年的 6.85 万元增长到 2020 年的 10.64 万元，十三五期间人均收入提高了 55%，年平均增幅为 9.1%。

（二）××国际机场“十四五”发展

推动××民航业与大数据产业、绿色生态产业融合发展，在“十四五”规划设计上，通过重点任务和重大工程的实施，优化存量、培育增量，全面提升企业综合竞争力。

1．一条主线

围绕“高质量发展”这条主线，努力把××国际机场公司打造为安全基础牢、运行效率高、服务品质好、经济收益佳、资产效益优、发展后劲足、员工收入稳的实体。

2．两个基础

按照上市目标推进××国际机场公司规范化管理，为引入战略投资者和上市融资奠定基础。进一步完善公司法人治理结构，建立健全科学有效的公司治理机制。按照上市的目标和要求深化公司改革，健全组织机构和市场化运营机制，加快形成真正的经济实体和法人主体，增强股份公司的竞争力、创新力、控制力、影响力和抗风险能力，实现国有资本保值增值。

3．三条底线

坚守“飞行安全、廉政安全、真情服务”三条底线。飞行安全关系到生命财产安全，是民航的头等大事。廉政安全关系到稳定的发展环境，是确保各项工作顺利开展的重要保障。真心服务是服务型公司的本质特征，必须做到全心全意为人民服务，提高服务品质。

4．三个地位

突出××国际机场在综合立体交通网的“网红”地位，织密航班航线网络，突破单一航空节点，形成“干支”联动的格局，让××国际机场综合立体交通网成为聚集资源要素的示范样板，推动“空、铁、路、轨”多式联运和“干支”联程联动，打造以××国际机场为核心，辐射周边的中转枢纽。突出在航空服务产业链的“硬核”地位，深度挖掘服务产业链条价值，充分发挥属地管理平台优势，形成聚集效应，加强流程再造，实现资源共享、优势互补、效能叠加。突出在区域动力核心圈的“焦点”地位，要积极融入地方经济，努力争取地方政策、税费、资源等支持，充分利用民航专业特长，帮助地方政府建设航空示范区，实现政府与企业融合协同发展。

5．四型机场

建设“平安机场、绿色机场、智慧机场、人文机场”的四型机场。“平安机场”为实现安全生产底线牢固，安全保障系统完备，安全运行平稳有序；“绿色机场”是在生命周期内实现资源节约、低碳运行；“智慧机场”是实现生产要素全面联动，数据共享、协同高效、智慧运行；“人文机场”是坚持以人为本，具有文化底蕴，体现时代要求和现代民航精神，弘扬社会主义核心价值观。

（三）××国际机场公司“十四五”规划目标

1．经营目标

至2025年，××国际机场公司力争实现资产总额超过66亿元，较“十三五”期末实现翻一番；营业收入超过12亿元，较“十三五”期末实现翻一番；优化营业收入结构，力争非航空性业务收入占营业收入比例达到50%。

2．生产运输目标

至2025年，××国际机场公司完成年旅客吞吐量2800万人次，货邮吞吐量20万吨。

3．人力资源目标

“十四五”期间，加快补充管理人才和经营人才队伍；充实通信导航、机坪管制、应急指挥、卫生防疫等专业技术人才队伍；加快推进管理人员队伍年轻化，加强梯队建设，对管理人员和人才队伍结构不断优化。同时要全面修订完善各级人员培养、引进、选拔、培训、交流、激励、考核等体制机制，优化用工形式，建立良性晋升机制，充分运用绩效考核结果评价使用员工。每年以“员工总量增幅低于当年生产运输总量增幅”为控制标准，至2025年，××国际机场公司员工总数控制在2500人以内。

至2025年，××国际机场公司基层及以上管理人员，第一学历为本科及以上者占比将超过40%；在人才队伍中，逐步形成“橄榄型”年龄结构，即45岁以上为企业经营管理“舵手”，着重发展36～45岁的中坚力量，重点加强31～35岁青年队伍建设和补充，积极培养30岁以下后备管理力量。

至2025年，××国际机场公司获得职称的员工达260人，占比约为员工总数的10%；获得职业技能等级的员工达930人，占比约为员工总数的37%。

问题：请根据该公司“十四五”发展目标和目前人力资源现状，科学优化该公司内部岗位设置体系。

六、实训成绩评价

（1）统计课堂出勤率(20%)。

（2）人力资源规划工作标准考核成绩(30%)。

（3）编制单位内部岗位设置方案(个人或小组作业，50%)。

第四节　招聘计划拟定能力训练

人力资源管理的一项重要工作是为企业招聘人才。人才招聘是企业获得优秀人才,赢得生存和发展的关键因素。招聘计划是企业根据人力资源规划制定的招聘具体实施方案。

一、实训能力目标

通过实训使学生熟练掌握组织各个部门招聘岗位的职位需求,掌握组织岗位的工作环境及待遇,确定员工的聘用要求、拟定企业招聘简章、拟定招聘预算项目及金额、选择有效的招聘信息渠道,安排招聘面试时间,有效制定组织招聘计划。

二、实训理论基础

(一) 招聘的基本理论

1. 招聘的含义

招聘是组织根据人力资源规划,招募相关岗位的人员,将合适的人员录用到合适岗位的过程。企业在招聘的过程中要秉承公开公平公正原则,同时要兼顾成本效率原则,用最低的成本为企业选择最佳人选。

2. 影响招聘的因素

(1) 外部影响因素

政府机构对于招聘方面制定的法律法规,会对企业招聘方案产生一定的限制影响,如法定工作年龄、地区最低工资标准等。市场经济状况也会对招聘产生影响,状况好的市场环境对于人员的需求量较大。劳动力市场中的地域特征、供需状况、供给结构也会对招聘的人数及条件有影响。一二线城市对于人才的吸引力较三四线城市高,发达地区人才市场的供给状况较欠发达地区的人才市场的供给状况好。另外竞争对手的招聘政策对企业的招聘也会产生影响。

(2) 内部影响因素

良好的企业形象和文化、招聘政策、薪酬福利会影响劳动力对于应聘单位的兴趣。另外企业不同的发展阶段对于招聘人员的数量及条件也会有影响。企业创业初期对于人才的需求量较中后期要多,中后期对于人员的特定能力水平要求较创业初期严格。

3. 招聘渠道的选择

企业要找到合适的人才，最重要的让有就业需求的人能获知招聘信息，所以熟练运用各种招聘渠道是招聘的关键。

(1) 内部招聘

人员内部招聘是在已有员工队伍中，为现有职位选择合适的人员的过程。企业通过对员工整体状况的了解，对现有员工进行适当的岗位调整。内部招聘的成本低，人员的稳定性高。如内部提升就有利于调动员工的工作积极性，促进内部人才的培养。

内部招聘的途径主要有晋升、轮岗、内部调动、返聘等。其中晋升是指招聘现有职工到高一级岗位任职。轮岗就是在相同或相近级别的职位间进行人员的调动来补填补职位空缺。返聘则是聘用已退休或下岗待业的员工回企业来工作。

(2) 外部招聘

人员外部招聘是企业从社会获取的员工的过程。外部招聘的渠道主要有传统媒体招聘、正规的职业中介机构招聘、校园招聘、线上渠道招聘。线上渠道招聘是目前企业采用较多招聘渠道，其成本低，时空局限性小，适用性广。校园招聘是企业联系高校举办招聘会，包括校企合作招聘、校园双选会和应届生招聘。校园招聘一般用于企业储备人才和管培生，其招聘成本较低，但是学生的稳定性较高，培养成本较高。社会上的职业中介机构，如各类职业介绍所、猎头公司等，其中猎头公司主要是招聘中高端及特殊人才。传统媒体招聘是利用传统的媒体，如报纸广告、公共交通工具广告、电视广告等发布招聘信息，宣传范围较广，但有地区局限性，成本较高，适用于中基层岗位的招聘。

(3) 内部招聘与外部招聘的优点与缺点比较

内部招聘的优点是有利于提高员工工作的积极性。内部员工熟悉本单位的企业文化、工作内容及规章制度等，能较快开展工作。企业对员工的各方面工作能力也较为熟悉，能够知人善任。从内部选拔人员能节约时间和费用；内部招聘的缺点是可能会由于内部员工的思想观念陈旧，缺乏创新意识，产生近亲繁殖问题。

外部招聘的优点是引进新鲜“血液”，带来鲶鱼效应。可选择的范围广，可以招聘到更多的优秀人才；外部招聘的缺点是经常采用会打击内部员工的工作积极性；外部人员进入工作岗位需要较长的适应期。外部人员不一定认同企业的价值观和文化，稳定性较弱。

4. 招聘的规模

招聘的规模是企业通过设计有效的招聘活动吸引应聘者的数量。基于成本效益原则，企业招聘规模应该控制在一个合理的数量。各个岗位招聘规模与岗位性质有关，当工作内容难度较高或所处的管理层次较高时，招聘的规模就会较小。作业层或技能要求低的岗位，其招聘规模相对较大。

5. 招聘的范围及时间

(1) 招聘范围

招聘范围是指企业招聘的地域范围。招聘范围与职位要求及当地的劳动力市场有关系。如果职位要求层次较高或必须具备特殊技能，则适度扩大招聘的地域范围，反之则在小范围内招聘。如果本地劳动力市场状况较好，可以在当地招聘，反之则要到外地招聘。但是招聘地域范围的扩大会增加招聘成本，所以企业要综合考虑招聘岗位的实际需要，合理安排招聘地区。

(2) 招聘时间

招聘时间与招聘流程、招聘岗位及人数有关。以校园招聘为例，校园招聘一般从每年的8月份开始，步骤包括招聘需求→制定招聘计划→组建团队→筹备招聘资料及用品→在相关渠道发布招聘信息流程→实施招聘→复盘招聘，整个流程下来要到第2年的8月份结束。其中还包括一些不可控因素，所以招聘前要设计预案，管控时间成本。

6. 招聘成本

招聘成本是编制招聘预算的基础。分析招聘成本可以避免不必要的开支，也为之后的招聘费用做参考。每个人的招聘成本是总的招聘成本除以本次招聘人数。实施招聘工作的成本由直接和间接成本组成。直接成本包括在宣传媒体发布招聘信息的费用、参与本次招聘工作的人员费用等。间接成本包括参与招聘的管理人员的时间及劳务成本。

三、实训内容及工作标准

(一) 实训内容

1. 确定有招聘需求部门单位及对招聘员工的要求

人才招聘的首要任务是确定招聘需求，涉及需求部门、岗位、人数及岗位技能要求。一般情况下，组织的人力资源管理部门根据企业前期制定的人力资源规划，确定部门的招聘需求人数及要求。企业一般会针对招聘需求，设计招聘需求表，详细见表3.7。

表3.7　招聘需求表

申请部门		职位名称		申请日期	
编制人数		现有人数		需求人数	
招聘信息	□在部门编制之内 □在部门编制之外				
	□补充新人 □替换现有职员				
	□正式员工 □临时工				
	□从公司外部招聘 □从公司内部调配				
计划到岗时间			拟定薪酬		

续表

<table>
<tr><td>申请部门</td><td></td><td>职位名称</td><td></td><td>申请日期</td><td></td></tr>
<tr><td>编制人数</td><td></td><td>现有人数</td><td></td><td>需求人数</td><td></td></tr>
<tr><td rowspan="3">招聘岗位及职责、任职条件</td><td colspan="5">岗位</td></tr>
<tr><td colspan="5">要求</td></tr>
<tr><td colspan="5">职责</td></tr>
<tr><td>申请人</td><td colspan="2">签名：　　日期：</td><td colspan="2">部门负责人审核</td><td>签名　　日期：</td></tr>
<tr><td>人力资源审核</td><td colspan="2">签名：　　日期：</td><td colspan="2">总经理审核</td><td>签名　　日期：</td></tr>
<tr><td>集团领导审核</td><td colspan="2">签名：　　日期：</td><td colspan="2"></td><td></td></tr>
</table>

2．组建招聘团队

招聘团队是企业根据招聘工作的内容由人力资源部门主导，其他相关职能部门参与组建的一个临时性组织。一般情况下，招聘团队的组成人员包括，招聘专员、用人单位招聘代表、人力资源部经理、企业高层。由哪些人员参与，与聘用对象的重要性程度有关，一般岗位由人力资源部门直接招聘。特殊岗位需用人单位参与完成招聘工作。特别重要的岗位，企业高层也会参与招聘，例如职能部门的负责人。

3．制作招聘简章

由人力资源部门根据用人部门的需求制定招聘简章。招聘简章是企业组织招聘的依据，也是对应聘人员的基本要求。招聘简章一般包括的内容：① 招聘单位的名称及基本情况；② 招聘的岗位及岗位描述；③ 招聘岗位的名额、条件；④ 招聘测试的地点、时间及投递电子简历的渠道；⑤ 试用期、合同期及录取以后的待遇等。招聘简章与具体招聘方式及对象有关，如校园招聘简章在工作经历上就没有做要求，面向社会招聘对与招聘职位相关的工作经历就有一定的要求。

如下为×××房地产企业营销策划有限公司的招聘信息，详细见表3.8。

表3.8　招聘信息表

职位	人数	要　　求	待　　遇	工作地点
经理助理	2名	20～30岁，女，大专以上文化，同等岗位二年以上工作经验，优秀应届毕业生亦可，经济管理相关专业毕业者优先。	底薪2500～2800元＋销售总提	某市

续表

职位	人数	要　　求	待　　遇	工作地点
策划助理	2名	20～30岁，男女不限，大专以上文化，同等岗位二年以上工作经验，营销策划相关专业毕业者优先，优秀应届毕业生亦可。	底薪2500～2800元＋销售总提	某市
销售主管	5名	20～30岁，男女不限，大专以上文化，从事房地产销售主管工作一年以上经验。	底薪2500～2800元＋销售提成	某市
置业顾问	30名	18～28岁，男女不限，形象气质佳，大专以上文化，对房地产销售工作充满兴趣，有激情，上进心强，优秀的应届毕业生亦可。	底薪1500～2000元＋销售提成（挑战20万年薪）	某市

本公司为地产综合服务公司，公司成立以来服务操作了数十个项目，拥有100余人的员工队伍。公司业务部门包括：投资顾问中心、策划中心、销售中心、商业招商中心、地市发展中心、市场研究中心、广告媒体中心，全方位为客户提供从房产土地评估、区域房地产投资环境和市场调研分析、从市场角度出发的专业产品修正建议、先进的营销理念输出和执行等房地产营销推广一条龙服务。

公司一直以服务创新、敬业专业为目标，在众多的不同类型项目服务中形成了专有的合作资源库和开发资源整合的通道技术。公司在全国各地有超过600万平方米的项目操作经验。项目主要主创人员均来自国内大型知名房地产公司及代理机构，拥有丰富的操盘经验及成功案例。

联系人：

电　话：　　　　　　　　　　　　手　　机：

公司总部地址：　　　　　　　　　简历请发邮箱：

4．确定招聘渠道

人力资源部门根据招聘对象的基本要求确定是采用内部招聘，还是采用外部招聘或是具体的招聘方法。内部招聘可以在企业内部发布公告，采用主管推荐、个人自荐等方式进行。外部招聘通过网络媒体、传统的报纸、电视等渠道发布招聘信息，采用各类专场招聘会、职业中介机构、校园招聘等方式进行招聘。

5．招聘初试及面试安排表

初试及面试安排表是为后期面试准备的基础资料，一般包括应聘者姓名、应聘职位、年龄、性别、面试时间、联系方式及面试综合得分等。表3.9是初选及面试安排表的一般内容格式。

表 3.9　初选及面试安排表

<table>
<tr><td colspan="8">面试安排表</td></tr>
<tr><td>编号</td><td>姓名</td><td>应聘职位</td><td>年龄</td><td>性别</td><td>面试时间</td><td>联系方式</td><td>综合得分</td></tr>
<tr><td>1</td><td></td><td></td><td></td><td></td><td></td><td></td><td></td></tr>
<tr><td>2</td><td></td><td></td><td></td><td></td><td></td><td></td><td></td></tr>
<tr><td>3</td><td></td><td></td><td></td><td></td><td></td><td></td><td></td></tr>
</table>

6. 招聘预算

在招聘计划中，要对招聘费用进行预算，核算招聘成本，形成预算项目。招聘成本一般由以下项目组成：① 人工费用，参与招聘工作人员的工资、薪酬福利、差旅费等管理费用。② 业务费用，包括通信费、专业咨询机构费用、广告费、资料费、办公用品支出费用等。③ 其他费用。企业会将招聘预算项目、人员等填写到招聘预算表中，具体规范内容见表 3.10。

表 3.10　招聘预算表

单位：元

<table>
<tr><td>招聘方法和渠道</td><td colspan="6"></td></tr>
<tr><td rowspan="6">年度招聘
费用预算</td><td colspan="4">项　　目</td><td>预算金额</td><td rowspan="6"></td></tr>
<tr><td>1</td><td colspan="3"></td><td></td></tr>
<tr><td>2</td><td colspan="3"></td><td></td></tr>
<tr><td>3</td><td colspan="3"></td><td></td></tr>
<tr><td>4</td><td colspan="3"></td><td></td></tr>
<tr><td>5</td><td colspan="3"></td><td></td></tr>
<tr><td>目前员工配置额</td><td colspan="6"></td></tr>
<tr><td>公司定岗编制额</td><td></td><td></td><td></td><td></td><td colspan="2">员工招聘计划</td></tr>
<tr><td rowspan="5">年度各部门员工
配置计划</td><td>部门名称</td><td>定编人数</td><td>现有人数</td><td>招聘人数</td><td>上半年</td><td>下半年</td></tr>
<tr><td></td><td></td><td></td><td></td><td></td><td></td></tr>
<tr><td></td><td></td><td></td><td></td><td></td><td></td></tr>
<tr><td></td><td></td><td></td><td></td><td></td><td></td></tr>
<tr><td></td><td></td><td></td><td></td><td></td><td></td></tr>
</table>

7. 整合最后的招聘方案，形成招聘计划书

（二）招聘计划拟定工作标准

企业在实施招聘计划时要遵循一定的工作标准，内容详见表 3.11。

表 3.11　招聘计划工作标准

工作流程	工作人员	工作时间	工作地点	工作单位	工作资料
开始					
熟悉组织机构设置方案，掌握部门岗位设计方案（完整性）	人才选聘管理岗	规定时间	人力资源部办公地	人力资源部	企业组织机构设置方案
	人力资源规划岗				部门岗位设置方案
调查部门招聘岗位需求，熟悉了解各岗位说明书（真实性）	人才选聘管理岗	计划时间	人力资源部办公地	人力资源部	部门岗位招聘需求表
	人才测评管理岗			用人部门	
研究岗位工作环境待遇，确定岗位招聘素质条件（可行性）	人才选聘管理岗	计划时间	人力资源部办公地	人力资源部	招聘简章
	薪酬管理岗				
研究人力资源薪酬计划，合理安排招聘费用预算（正确性）	人才选聘管理岗	计划时间	人力资源部办公地	人力资源部	招聘预算表
	薪酬管理岗			财务部	
选择招聘信息发布渠道，安排招聘初试面试时间（可行性）	人才选聘管理岗	计划时间	人力资源部办公地	人力资源部	招聘公告
	人才测评管理岗				初选及面试安排表
	劳动关系管理岗				

续表

工作流程	工作人员	工作时间	工作地点	工作单位	工作资料
开始					
征求招聘计划意见建议，提交上级领导审批执行（及时性）	人才测评管理岗	规定时间	人力资源部办公地	人力资源部	人员招聘计划书
	人事经理			总经理办公室	
				用人部门	
结束					

四、实训操作步骤

（一）招聘企业的基本情况介绍

说明招聘企业的整体生产经营状况，掌握企业的经营现状、市场地位及战略发展方向，提出此次招聘计划的原因。

（二）制定招聘需求表

准备招聘职位的职位说明书，要求涵盖招聘职位的人员所要具备的专业能力及素质，同时根据前期的资料设定招聘的人数。以上材料最后整合填写，形成招聘需求表。

（三）制作招聘简章

根据招聘的岗位说明书及需求的人数及条件制作招聘简章。

（四）制定招聘预算表

根据招聘部门岗位、人员数量及其他的管理费用拟定招聘预算金额。

（五）招聘计划书

招聘计划书内容：招聘小组人员及职责（组长、组员）、招聘岗位（岗位名称、人数、职位说明书）、招聘的时间及渠道、招聘初试及面试安排表、新员工录用入职时间、招聘费用预算表等。

五、实训案例

××食品公司在5年内从一家只有200人规模的食品加工厂发展为当地知名的龙头企业，随着企业规模的不断扩大，各个部门的人员需求量也不断增多。但是企业之前对于员工招聘的方法都是只要缺人就直接到人才市场招聘，没有制定过什么计划。企业规模变大后，各个部门对于人才的要求也日渐规范化，再也不是之前的工作快要开始了才开始到处招人。人力资源管理的规范化成为企业目前人才管理的重要工作，目前摆在企业面前的最重要的一项工作就是招聘计划的制定。企业最近正准备扩大市场，有向中西部地区拓展的规划，但是目前各部门都没有更多的人员分配到新拓展的地区，出现人员短缺的状况。总部经过综合考虑，布置人力资源部负责拟定一份招聘计划书。

（一）项目内容

为该企业拟定一份针对新业务的招聘计划书

（三）完成成果

(1) 公司简介；
(2) 部门岗位设置方案；
(3) 部门岗位招聘需求表；
(4) 岗位说明书；
(5) 招聘简章；
(6) 招聘预算表；
(7) 初选及面试安排表等。

六、实训成绩评价

(1) 实训考勤成绩占总成绩的20%。学生能按时参加实训课程，不迟到，不早退。

(2) 实训工作标准训练占总成绩的30%。学生能熟练操作招聘计划拟定工作训练标准，熟悉掌握工作标准内容的每个环节。

(3) 实训报告成绩占总成绩的50%。学生前期进行实训调研，能够完成招聘计划资料整理的准备工作。实训报告步骤清楚，资料规范完整、计划项目设计合理。

第五节 员工招聘面试工作能力训练

招聘面试工作是组织对所需人才的一个选拔录用的过程，采用一定的方法从合格的应聘者中选择能够胜任工作职位的人员。

一、实训能力目标

通过实训使学生掌握招聘面试工作的程序，熟悉选拔录用资料的收集与审查工作流程，掌握招聘面试的各种方法和录用环节，为企业选拔合适的人才。

二、实训理论基础

（一）招聘面试的基本内容

1．初步印象

初步印象包括求职者的简历、申请表等资料。面试时求职者的行为举止、外貌及精神状态等，这些都成为面试官对应聘者的第一印象。

2．专业技能水平

此项内容考查应聘者的专业能力是否符合招聘的岗位的要求。

3．个性特征

通过面试时现场交流和专业测评，掌握应聘者的个性特征，如临场反应能力、逻辑思维能力、抗压能力等。

（二）选拔的流程要点

1．资料审查-简历的审查

简历是求职者自己准备的个人资料，是应聘者向招聘单位递出的名片，其中包括求职者的个人基本信息、学历、在校实践实习经历或工作经历、参与技能培训项目及资格证书等。简历一般在应聘者参加招聘时现场投递，或者通过网上招聘渠道向招聘单位递交，有时候简历中也会附加毕业证书、资格及技能证书等作为学历和技能等的证明材料。之后，招聘单位会对应聘者递交的简历做初步审查，符合条件的进入初步面试环节。

简历审查阶段需要注意求职者的基本信息是否完整、求职者的学历与学位、工作成绩及技能是否与招聘的职位一致等。

2. 初步面试

初步面试一般在审查简历后进行，是人力资源部门与求职者的第一次见面。招聘单位通过初步面试确定申请者各方面能力与招聘职位要求是否一致，同时回答应聘者提出的问题，并向其解释职位的基本要求，是用人单位与应聘对象的之间初步了解的过程。

3. 选拔测试类型

(1) 知识测试：考察应聘者是否具备能够承担职位职责的基本知识水平，是任职的必要条件，不同职位测试的知识内容不一样。如财务人员测试是财务方面的知识，营销人员测试是营销策划方面的知识。

(2) 能力测试：招聘单位在录用应聘者之前要了解其相关工作的能力水平，测定其从事某种工作成功的可能性。能力测试与岗位特征有一定关系，如从事人力资源管理的人员对于人际沟通能力就有一定的要求。从事财务工作的人员对处理数据的严谨性有要求。

(3) 性格与兴趣测试：性格和兴趣测试反映人的个性，个性特征与工作行为有一定的联系。通过性格与兴趣测试能让企业判断求职者能否胜任岗位要求。如销售岗位人员一般要善于与他人沟通交流，要求个性开朗外向。

4. 面试的方法

(1) 招聘面试的类型

① 按照面试及应试人数分为一对一面试、一对多面试、多对一面试、多对多面试。

② 按照面试的内容分为情景设计式、行为描述式、综合式。

情景设计式：招聘方设计某种场景，观察应聘者的应对与反应，了解其未来行为的倾向。如问面试者如果工作中遇到某个问题，怎么解决。

行为描述式：通过设定的问题，了解应聘者过去某种行为。如问面试者之前工作中曾经遇到的问题，怎么解决等。

综合式：情景设计与行为描述结合的面试方法。

③ 按照面试的结构化程度分为结构化面试、半结构化面试、非结构化面试。

结构化面试：向面试者提出一系列与工作有关的问题，一般是事先固定的问题模式，包括工作基本知识、设定某种问题如何解决、针对企业管理制度等需要了解的地方等。

半结构化面试：对面试中一部分问题是固定的，一部分是面试人员根据应聘者的情况现场提出的。

非结构化面试：没有统一的问题，根据职位的特性和应聘人员的情况，提出开放式的问题，对问题的内容没有固定的模式，对面试官和面试对象的设计能力和综合能力都是考验。

(2) 面试的过程

① 选择面试者并查阅相关资料

选择合适的面试者是能否录用到最佳人选的关键。面试小组一般是由人力资源部门和用人部门共同组成。面试小组通过对应聘者的简历进行筛选,选出合适的面试对象,准备与之相关的面试问题。

② 确定面试的时间和地点

面试组织者要提前告知应聘者面试的时间和地点,以便应聘者做好充分的准备。面试场所要易于寻找、宽敞安静,最好能安排在用人单位,给应聘者一种归属感。

③ 准备面试资料

面试过程中招聘单位要准备相关的材料,以便对比甄选出录用者,也为后续工作做资料留存。面试材料包括面试问题提纲、面试交流记录表、招聘面试评价结论等面试中常见的问题类型:应聘者的自我介绍、工作经历、自己的优缺点、对应聘的公司及岗位的了解情况等

④ 面试实施

招聘双方互相了解阶段:主要通过轻松话题缓解应聘者的紧张情绪。

正式提问阶段:面试官按照事先准备的题目进行提问,题目可以是开放式的,例如,你觉得一个销售主管最重要的能力是什么?也可以是封闭式的,一般用是或否回答。再如,你是否愿意经常出差?面试官注意问题的合理性,不要问一些令人难堪,不愿意回答的问题。面试官在面试时不要带个人情绪,做到公平公正。

结束阶段:面试官对应聘者的问题结束后,可以让应聘者问一些对招聘岗位或薪酬等感兴趣的问题,最后自然地结束面试。

⑤ 面试工作结束

面试工作结束后,负责面试的人员要将面试资料整理汇总,形成面试的材料,参照企业的招聘计划等,最终形成此次招聘录用结果。

5. 背景调查

背景调查一般通过证明单位开具证明材料、推荐信、电话或实地调查的方式了解面试者的学历学位、在校或在原单位的学习工作表现情况与提供的简历等是否相符。现在也可以通过有证明资质的官方网站,如学信网,调查学生学历。特别重要的职位可采用实地调查的方式,如公务员考试后的政审环节。

(二) 录用环节

(1) 向最终录用者发布录用通知。

(2) 提醒求组织:录用者进行体检。

(3) 与录用者签订劳动用工合同。

三、实训内容及工作标准

（一）实训内容

1. 组建招聘面试团队

招聘面试团队成员由招聘职能部门和有岗位需求部门的人员组成。人力资源部门人员等职位部门参与，体现招聘的专业水平。用人部门的参与能真实了解对招聘对象业务能力，特别重要的岗位需要企业高层管理者也参与最后的面试环节。

2. 确定招聘面试的人数比例，确定淘汰的比例

根据申请的人数及招聘岗位的重要性程度设定招聘的比例人数，岗位越重要，进入面试环节的人数越少。

3. 简历的筛选

按照职位说明书，对照任职资格和岗位责任等项目，筛选出参加面试的人员名单。

4. 拟定招聘面试的问题提纲

面试提纲主要由具体业务单位负责拟定，大部分内容应该与任职岗位的专业知识水平，业务能力素质有关。题目数量和范围尽量合理，问题有针对性，提高招聘面试的有效性，详细提纲见表 3.12。

表 3.12　面试提纲范例

1	你觉着自己最大的长处和弱点是什么、可否表述一下你自己的个性
2	为什么要加入我们的企业？你最快什么时间可以到岗
3	你对未来工作岗位的要求是什么
4	你觉得自己是否能胜任你应聘的工作岗位
5	对于未来工作的待遇你有什么要求
6	你能谈谈在之前的工作岗位中最成功或最失败的事情吗
7	你觉得在团队里工作最关键的地方是什么
8	你觉得我们企业能给你带来什么价值
9	如果我们录用了你，你会不会很快离职
10	你与同事的相处曾有不愉快的经历吗？或者发生问题时，你会怎么做
11	谈谈你对加班的看法

5. 安排好面试的时间和地点

按照确定的面试名单，采用电话或邮件的方式告知面试者面试的具体时间和地点，并附详细的地址及联系方式，表 3.13 是面试通知书的基本格式内容。

表 3.13　面试通知书

________先生/女士：

感谢您来本公司应聘________职位，您的工作经历和成果给我们留下了良好的印象，为了能够进一步互相了解，请您于________月________日________时________分来本公司参加面试。如您时间不方便，请提前电话告知(联系号码)

此致

敬礼！

人力资源部

(日　期)

6. 招聘面试表格

包括交流面试记录表和招聘面试评价结论。表 3.14 面试交流记录表是企业与应聘者在工作、个人情况等方面的交流情况。表 3.15 招聘面试评价表是面试企业对应聘者的整体评价。

表 3.14　面试交流记录表

姓名____________　申请职位____________________________________

一、工作兴趣

你为什么申请这一工作(职位)？____________________________________

你具有哪些工作资格条件？____

你的工资要求是多少？____

二、教育背景

你接受过哪些能够帮助你从事所申请工作的教育和训练？

____

三、业余活动

业余时间你都做些什么？__________兼职工作__________竞技运动__________

娱乐活动__________俱乐部__________其他__________

四、个人问题

你能够加班吗？____

你怎么看周末上班？____

你对加班怎么认识？____

你认为你的优点是什么？____

你认为你的缺点是什么？____

五、总体评定

1 ________很好　2 ________平均以上　3 ________平均以下

4 ________勉强　5 ________不能令人满意

评语：____

面试官：　　　　　　　　　　　　时间：

表 3.15　招聘面试评价结论

应聘者姓名		性别		出生年月	
毕业院校			学历专业		
应聘者性格特征					
应聘者综合素质					
常规测试与专业知识分析					
特别说明					
面试综合结论	面试人：				

7. 做好预案

（二）招聘面试工作标准

企业在实施招聘面试工作时要遵循一定的工作标准，见表 3.16。

表 3.16　招聘计划工作标准

工作流程	工作人员	工作时间	工作地点	工作单位	工作资料
开　　始					
熟悉企业招聘计划内容，制定应聘初试面试提纲(可行性)	人才选聘管理岗	规定时间	人力资源部办公地	人力资源部	招聘计划
	人力测评岗				面试提纲
整理甄别应聘者简历，通知参加初试面试人员(正确性)	人才选聘管理岗	计划时间	人力资源部办公地	人力资源部	面试通知记录
					应聘者简历
组织应聘人员了解岗位，进行岗位工作能力初试(完整性)	人才选聘管理岗	约定时间	人力资源部办公地	人力资源部	岗位工作标准测试
			面试地点		

续表

工作流程	工作人员	工作时间	工作地点	工作单位	工作资料
开　　始					
安排初试合格人员面试，针对合格人员背景调查（真实性）	人才选聘管理岗	约定时间	人力资源部办公地	人力资源部	面试交流记录表
	人力测评岗		面试地点		背景调查
洽谈工作环境待遇要求，做出招聘人员面试结果（真实性）	人才选聘管理岗	出具面试结论时	人力资源部办公地	人力资源部	招聘面试评价结论
结　　束					

四、实训操作步骤

（一）成立招聘面试小组

学生按照招聘参与人员的工作安排组成招聘小组，每个成员承担一定的招聘职责，负责相应的面试工作。

（二）确定招聘面试的名单

学生再整理应聘者的简历并确定面试的名单之后，联系面试者参加面试。

（三）确定招聘面试的资料

招聘材料包括参加面试的人员名单、面试人员简历、面试问题提纲表、面试交流记录表、面试评价结论等。

（四）确定面试结果及评估面试工作

招聘面试结束后，根据材料确定面试的最终结果，通知录用人。招聘面试小组评估此次面试的工作。

五、实训案例

××食品公司企业规模逐渐扩大，目前的战略规划是在全国范围内提高产品的市场占有率。首先将中西部地区作为目标市场，但是企业现有人员无法满足需求，各业务部门都存在人员短缺的状况，因此企业急需招兵买马。前期企业已经根据目前的情况召开了中高管理层会议，布置了人才招聘的工作。人力资源部门也根据会议结果拟定了招聘计划书。

人力资源部门和业务部门准备开始按照招聘计划书实施招聘面试工作，请你为企业的面试环节制定可行的计划。

（一）项目内容

为企业拟定招聘面试的计划。

（二）完成成果

（1）招聘面试工作的流程安排。

（2）面试的资料包括面试名单、面试问题提纲、面试交流记录表、面试评价结论等。

六、实训成绩评价

（1）实训考勤成绩占总成绩的 20%。学生能按时参加实训课程，不迟到，不早退。

（2）实训工作标准训练占总成绩的 30%。学生能熟练操作招聘面试工作训练标准，熟悉掌握标准内容的每个环节。

（3）实训报告成绩占总成绩的 50%。学生前期进行实训调研，能够完成招聘资料的准备工作。实训报告能够设计完成招聘面试工作的各个环节，步骤清楚，资料规范完整、设计内容合理。

第六节　培训计划编制工作能力训练

员工培训是企业提高人员素质，提升企业竞争力的重要手段。为了提高员工培训的工作效率和投资效益，需要对培训工作编制具体的计划，以保证培训工作的顺利开展。

一、实训能力目标

通过实训使学生熟悉企业培训工作的内容,包括培训需求的确定、培训人员及内容的确定。怎样有效地开展培训工作,掌握制定培训计划的关键环节,能够为组织设计出有针对性的培训方案。

二、实训理论基础

(一) 培训的含义及作用

1. 培训的含义

培训是组织有计划的改进员工素质及能力的工作,这里包括普遍素质和能力及专门的素质及能力的改进。培训可以使员工在知识、技能、态度、行为等方面得到提升,有利于促进其职业生涯的发展。培训对于企业和个人来说都是一个长期、连续的过程,所以要制定合理有效的培训计划。

学习理论指出,人的行为模式受到周围环境因素的影响,在观察和直接经验中形成。组织通过积极的引导及持续的培养会使员工产生符合企业规范及工作要求的行为。现代企业的发展离不开人才的竞争。

2. 培训的作用

(1) 培训使员工树立岗位责任意识。

(2) 培训是提高员工对企业文化的认知、修正工作行为、优化工作方法、提高工作效率的重要手段。

(3) 培训是人力资源对企业战略规划的支持。

(二) 培训的基本内容

1. 培训的对象

新员工、专业技术人员、管理人员。

2. 培训的内容

(1) 新员工培训

① 企业文化,包括企业价值观、企业内外工作环境。

② 企业制度和员工行为规范。

③ 业务培训,包括业务工作及流程。

(2) 在职员工培训

① 岗位培训,通过培训更新和完善员工岗位专有的理论知识和实践知识。

② 换岗培训，企业内部的岗位调整后，针对新岗位补充新的知识、技能。

③ 脱产培训，企业员工带职到学校或公司的专门培训部门学习。

④ 专业技能培训，按照不同的技能模块进行培训。

（三）培训的原则

（1）培训要结合企业需求和员工个体需求。

（2）培训要基础知识培训与重点技能培训相结合。

（3）培训要与企业发展规划相结合。

三、实训内容及工作标准

（一）实训内容

1. 分析培训项目的需求

（1）组织分析

以组织的长远战略目标为基础，分析组织发展中的人员需求状况与企业发展的差距，通过内部调研的方式，确定解决差距的培训方法。

（2）任务分析

企业为了有效地完成某项工作，达到绩效标准所要求的知识、技能和态度。任务分析可以通过参照岗位说明书、员工任职资格、绩效考核标准和抽样调研完成。

（3）人员目标

根据工作任务形成目标岗位的知识、技能和态度的标准。

企业在实施培训工作时要拟定员工培训需求调查表，如表 3.17，为企业员工的培训需求做基础资料准备。

表 3.17　员工培训需求调查表

学员文化程度	高中以下（　）人	大专（　）人	本科（　）人	研究生（　）人
参加培训总人数	（　）人	男性（　）人	女性（　）人	
他们的优势				
他们的不足				
学员所在部门				
工作中存在的共性问题				

续表

学员文化程度	高中以下（　）人	大专（　）人	本科（　）人	研究生（　）人
参加培训总人数	（　）人	男性（　）人	女性（　）人	
培训项目	1. 新员工培训，主要使新员工进行角色转换，融入企业文化，体验团队精神			
	2. 团队拓展培训，主要是以户外活动为主，包括团队建设、信任、创新能力、团队协作等方面			
	3. 管理层培训，主要对象为企业各部门的管理者，以培养管理技能为主，包括领导能力、组织沟通能力、个人素养、战略决策能力等			
培训纪律要求	A. 非常严格　B. 严格　C. 一般　D. 松弛			
一年内，学员在本企业曾经接受的培训				
其他备注与说明：				

2. 制定培训项目计划

（1）培训目标：培训目标是考核最终培训效果的标准。培训目标一般要满足员工个人发展、职能部门及企业整体战略的需求。

（2）培训时间及对象：培训的时间与培训内容、费用和培训对象有关。培训时间可以安排在工作时间或业余时间。准确选择培训对象，可以提高培训成果，控制培训成本。

（3）培训老师：培训老师一般由具备一定的培训经验和资质的企业员工担任。某些培训项目可以外聘老师。

（4）培训方法和内容：针对不同的部门、岗位及层次的员工，设计不同的培训内容。一般员工以完成工作所需技能为主，管理层以领导能力、管理方式为主。

（5）培训预算：培训费用包括企业培训讲师的工资或外聘老师的费用、培训材料等。

（6）培训考核：一般采用书面考试、现场技能考核等。

企业将培训计划的各个项目整理成培训计划表，作为培训工作的基础资料。见表 3.18。

表 3.18　培训计划表

序号	培训目标	培训对象	培训时间	培训内容	培训方式	课时	培训讲师	培训经费预算	培训效果的评估方式

编制：　　　　　　　　　　　　审核：　　　　　　　　　　　　批准：

3. 评估培训效果

企业开展培训工作后，要对培训项目是否对员工的工作绩效等方面产生积极正面的影响开展评估工作。其包括受训者培训效果调查、受训者工作行为的变化情况、受训者工作绩效的改进情况等，具体项目见表 3.19。

表 3.19　培训效果评估表

部　　门：____________　　　　姓　　名：____________

培训内容：____________　　　　培训时间：____________

请对下面每一项内容进行评价，在相对应的分数上打"√"

标准		很不好	差	一般	好	很好	优秀
课程内容	1. 课程内容对您的工作和个人的发展是否有帮助	5	6	7	8	9	10
	2. 课程内容是否易于理解	5	6	7	8	9	10
	3. 课程内容是否有实用价值	5	6	7	8	9	10
培训老师	4. 老师授课语言是否清楚并表达流畅	5	6	7	8	9	10
	5. 老师讲授内容知识是否新颖	5	6	7	8	9	10
	6. 授课课堂有无互动，能否及时指导	5	6	7	8	9	10
培训收获	7. 培训是否使您获得新知识	5	6	7	8	9	10
	8. 培训是否提高了工作技能	5	6	7	8	9	10
	9. 培训是否有利于自己的职业生涯规划	5	6	7	8	9	10

续表

标　　准		很不好	差	一般	好	很好	优秀
课程内容	10. 您对此次培训的总评分(按照 100 分计)	5	6	7	8	9	10
	11. 您觉得此次培训哪一部分内容对您的帮助最大	5	6	7	8	9	10
	12. 您对今后的培训有什么意见或建议,包括培训内容、讲师等	5	6	7	8	9	10

说明:1. 请您填写完成后,交人力资源部
　　2. 此表只用于本单位培训调查

(二) 培训计划编制工作标准

企业在实施培训计划时要遵循一定的工作标准,见表 3.20。

表 3.20　培训计划编制工作标准

工作流程	工作人员	工作时间	工作地点	工作单位	工作资料
开始					
熟悉企业部门岗位设置,了解岗位工作方案目标(完整性)	培训与人才开发岗	规定时间	人力资源部办公地	人力资源部	企业部门岗位设置方案
	人力资源规划岗				
调查统计完成任务效果,分析工作计划执行情况(正确性)	培训与人才开发岗	计划时间	人力资源部办公地	人力资源部	部门工作任务统计表
	绩效考核岗				工作计划执行情况分析报告
研究工作标准掌握水平,分析人员问题工作症结(正确性)	培训与人才开发岗	计划时间	人力资源部办公地	人力资源部	项目工作标准
	人力资源测评岗				

续表

工作流程	工作人员	工作时间	工作地点	工作单位	工作资料
开始					
结合年度工作计划要点，调查确定核心培训内容（正确性）	培训与人才开发岗	计划时间	人力资源部办公地	人力资源部	年度工作计划
	绩效考评岗				培训内容需求调查表
讨论培训时间地点模式，确定培训工作阶段目标（合规性）	培训与人才开发岗	计划时间	人力资源部办公地	人力资源部	培训计划讨论要点
			职工教育部办公地	职工教育部	培训计划要点
综合编制企业培训计划，上级审批严格落实执行（合规性）	培训与人才开发岗 人力资源部经理	规定时间	人力资源部办公地	人力资源部	企业培训计划
结束					

四、实训操作步骤

（一）培训需求调查

学生根据要求模拟企业设计完成培训需求调查项目。

（二）培训工作计划

学生根据培训需求设计培训工作的各个环节，包括以下项目：

（1）制定培训工作流程。

（2）培训人员安排。

（3）培训内容。

（4）培训预算。

（5）培训考核。

（三）培训效果评估

培训效果评估是企业在培训工作结束之后，总结培训是否达到了预期的目标，对组织的发展产生积极的影响。培训效果评估包括受训者对培训的满意度调查、受训者工作测试、受训者工作绩效的改进情况、培训对组织发展是否产生积极效果等。

五、实训案例

××食品公司按照既定的招聘计划完成了招聘面试工作。新员工已经入职，需求进行相应的培训，老员工也因为企业战略调整市场规模的扩大、工作内容的调整，面临技能提升的需求，人力资源部门也将企业培训工作提到工作日程中。请你根据企业目前的人力资源状况，设计员工培训计划。

（一）项目内容

为企业拟定培训计划。

（二）完成成果

（1）培训需求调查。

（2）培训的工作内容：培训人员、培训对象、培训方式及内容、培训预算及考核方式。

六、实训成绩评价

（1）实训考勤成绩占总成绩的20%。学生能按时参加实训课程，不迟到，不早退。

（2）实训工作标准训练占总成绩的30%。学生能熟练操作培训计划编制工作训练标准，熟悉掌握标准内容的每个环节。

（3）实训报告成绩占总成绩50%。学生前期进行实训调研，能够完成企业培训计划资料的准备工作。实训报告能够设计培训计划编制工作的各个环节，步骤清楚，资料规范完整、设计内容合理。

第七节　绩效计划拟定工作能力训练

绩效管理是一种组织内部对员工工作表现进行评估和改进的管理过程。它旨在通过设定明确的绩效目标和标准，监控和评估员工的绩效，为员工提供反馈和发展机会，以促进员工的个人发展和组织目标的实现。绩效管理是人力资源管理中的重要环节，对于组织的发展和员工的职业发展都具有重要意义。

一、实训能力目标

了解绩效管理的重要性和作用。掌握制定绩效计划的基本方法和步骤。能够根据公司情况制定适合的绩效计划，提高管理效率和创新能力。

二、实训理论基础

（一）绩效计划的重要性

绩效计划是绩效管理的核心部分，它是指为了实现组织目标和员工个人发展，制定明确的绩效目标和标准，以及评估和改进员工绩效的一套计划和措施。绩效计划的重要性体现在以下几个方面：

1. 促进员工发展

绩效计划可以帮助员工明确工作目标和职业发展目标，以及达成这些目标所需的能力和技能。通过与员工共同制定绩效目标和标准，可以激发员工的积极性和主动性，促进员工的个人成长和职业发展。

2. 提高组织绩效

绩效计划可以帮助组织明确期望的绩效水平，并对员工的绩效进行评估和改进。通过制定明确的绩效目标和标准，可以提高员工的工作效率和工作质量，从而提高组织的整体绩效。

3. 激励员工

绩效计划可以通过设定奖励机制，激励员工积极工作和提高绩效。通过与员工共同制定绩效目标和标准，并设定相应的奖励措施，可以激发员工的工作动力，提高员工的工作积极性和主动性。

（二）绩效计划的制定步骤

制定绩效计划需要经过一系列的步骤，包括目标设定、标准制定、沟通和反馈等。下面将详细介绍绩效计划的制定步骤：

1. 目标设定

目标设定是绩效计划制定的第一步，它是指为员工制定明确的绩效目标和标准。在设定目标时，需要考虑员工的工作职责、岗位要求和组织目标等因素。目标应该具体、可衡量、可达成，并与组织目标相一致。

2. 标准制定

标准制定是绩效计划制定的第二步，它是指为员工制定评估绩效的标准和指标。标准应该明确、客观、公正，并与绩效目标相一致。标准可以包括工作质量、工作效率、工作态度等方面的指标。

3. 沟通和反馈

沟通和反馈是绩效计划制定的最后一步，它是指将绩效目标和标准与员工进行沟通，并定期向员工提供反馈。沟通应该及时、准确、明确，并与员工进行双向交流。反馈应该及时、具体、有针对性，并提供改进的建议和支持。

（三）绩效计划的关键要素

绩效计划的制定需要考虑以下几个关键要素：

1. 目标和标准

目标和标准是绩效计划的核心要素，它们决定了员工的工作方向和绩效评估的依据。目标和标准应该具体、可衡量、可达成，并与组织目标相一致。

2. 激励机制

激励机制是绩效计划的重要组成部分，它可以通过设定奖励措施，激励员工积极工作和提高绩效。激励机制应该公平、公正、合理，并与绩效目标和标准相一致。

3. 反馈和改进

反馈和改进是绩效计划的重要环节，它可以帮助员工了解自己的绩效水平，并提供改进的机会和支持。反馈应该及时、具体、有针对性，并与员工进行双向交流。改进应该积极、有效、持续，并为员工提供相应的培训和发展机会。

（四）绩效计划的评估和调整

绩效计划的评估和调整是绩效管理的重要环节，它可以帮助组织了解绩效计划的有效性，并对绩效计划进行改进和优化。评估应该客观、准确、全面，并考虑员工的实际情况和工作环境。调整应该及时、灵活、合理，并与员工进行充分的沟通和交流。

（五）绩效计划的挑战和解决方案

绩效计划的制定和执行过程中可能会面临一些挑战，如目标设定的主观性、标准制定的不公平性、沟通和反馈的不及时性等。为解决这些挑战，可以采取以下一些解决方案：

1. 制定明确的目标和标准

制定明确的目标和标准可以减少主观性和不公平性的问题。目标和标准应该具体、可衡量、可达成，并与组织目标相一致。

2. 加强沟通和反馈

加强沟通和反馈可以减少不及时性和不准确性的问题。沟通应该及时、准确、明确，并与员工进行双向交流。反馈应该及时、具体、有针对性，并提供改进的建议和支持。

3. 提供培训和发展机会

提供培训和发展机会可以帮助员工提高工作能力和绩效水平。培训和发展应该针对员工的实际需求和绩效差距，并提供相应的支持和资源。

4. 定期评估和调整

定期评估和调整可以帮助组织了解绩效计划的有效性，并对绩效计划进行改进和优化。评估应该客观、准确、全面，并考虑员工的实际情况和工作环境。调整应该及时、灵活、合理，并与员工进行充分的沟通和交流。

三、实训案例

B科技有限公司原是一家国有电子产品制造企业，主要生产加工各种高科技电子产品，公司始建于20世纪60年代。由于市场竞争的加剧和管理不善，公司曾连续多年亏损。为了提高绩效和调动员工的积极性，公司于2010年进行了股份制改造，实行了员工持股计划。B公司自改制以后，在新任董事长和领导团队的带领下，公司的研发能力不断增强，公司现在占地已达20000平方米，建筑面积25000平方米，拥有先进的生产线、自动化设备等先进进口设备1000余台（套），员工人数约3000人，年电子产品生产能力为1000万件。在生产能力不断扩大的同时，B公司产品质量也在不断提高，公司已于2012年全面通过ISO 9001和ISO 14001国际质量环境体系认证。近年来，公司凭借着严格的品质保证和良好的信誉，赢得了众多国内外知名企业的信赖，公司先后为苹果、三星、华为、索尼等世界知名品牌以及众多国内著名品牌加工制造电子产品，在美国、日本、中国等国家以及全球各地均能发现B公司制造的产品。在公司改制后的发展初期，B公司的业务主要以代加工为主，但是随着市场竞争的加剧，代加工业的行业利润率越来越低，为了扭转这种不利局面，公司从2015年开始加大研发力度，推出了自主研发的高科技电子产品，通过不断创新和技术升级，公司的自有品牌已经形成了一定的市场影响力。随着B公司业绩的逐年稳步增长，B公司已发展成为国内知名的电子产品制造企业之一。B公司现已拥有5家子公司，资产总额达到3亿元，2018年税后净利润达到800万元。虽然B公司的规模在不断扩张，但是，作为由国企转制而来的企业，该公司在内部管理上仍存在一些问题，如组织架构不太合理、决策速度较慢、创新意识稍显不足等。为了保证B公司的未来发展，亟需加强绩效管理，提高管理效率和创新能力。

四、实训内容

（一）工作标准训练(上机操作)

工作标准流程表如表 3.21 所示。

表 3.21　岗位绩效考核工作标准

工作流程	工作人员	工作时间	工作地点	工作单位	工作资料
开始					
熟悉绩效考核制度,了解绩效考核办法(完整性)	绩效考评岗	规定时间	人力资源部办公地	人力资源部	绩效考核办法
	劳动关系岗				劳动合同
明确岗位考核内容,量化考核内容指标(可行性)	绩效考评岗	计划时间	人力资源部办公地	人力资源部	岗位绩效考核指标
	人力资源经理			绩效考核小组	岗位工作标准
工作结果部门分析,查证记录分析对比(真实性)	绩效考评岗	计划时间	人力资源部办公地	人力资源部	岗位工作效果统计
				绩效考核小组	岗位工作分析报告
统计收集考核资料,编制月度绩效考核(正确性)	绩效考评岗	计划时间	人力资源部办公地	财务部	岗位工作效果统计表
				绩效考核小组	部门工作效果统计表
公布绩效考核结果,提出工作改进建议(及时性)	绩效考评岗	计划时间	人力资源部办公地	绩效考核小组	绩效考核表
	劳动关系岗			人力资源部	

续表

工作流程	工作人员	工作时间	工作地点	工作单位	工作资料
开始					
严肃绩效考核过程,绩效考核资料存档(完整性)	薪酬管理岗 绩效考评岗	规定时间	人力资源部办公地	人力资源部 绩效考核小组	绩效考核资料档案 绩效薪酬计算表
结束					

(二) 实训理论基础介绍

(1) 绩效管理的概念和原理介绍。
(2) 绩效计划的制定方法和要点。
(3) 绩效指标的设定和评估方法。
(4) 绩效奖励和激励机制的设计。

五、实训操作步骤

(1) 学生分组,了解B公司的背景和发展情况,分析现有的管理问题。

(2) 学习绩效管理的基本概念和原理,了解绩效管理的重要性和作用。

(3) 学习绩效计划的制定方法和要点,包括目标设定、绩效指标的确定、绩效评估等。

(4) 根据B公司的情况,制定适合的绩效计划,包括整体绩效目标和各部门、个人的绩效目标。

(5) 设定绩效指标,确定评估方法和周期。

(6) 设计绩效奖励和激励机制,包括薪酬激励、晋升机制、培训机制等。

(7) 实施绩效计划,监控和评估绩效的达成情况。

(8) 分析绩效计划的效果,提出改进意见和建议。

六、实训成绩评价

(1) 统计课堂出勤率(20%)。

(2) 岗位绩效考核工作标准训练成绩(30%)。

(3) 编制B公司绩效计划方案(小组作业,50%)。

第八节　薪酬制度制定工作能力训练

薪酬管理是组织中关键的人力资源管理活动之一。它涉及员工薪酬的设定、发放及管理，对于激励员工、维护组织竞争力、提高员工满意度具有重要作用。本章将介绍薪酬管理的基本概念、目标以及重要性。

一、实训能力目标

通过该项目实训，使学生掌握薪酬设计的原则和方法，能够根据组织特点和员工需求设计合理的薪酬方案。能够分析和评估现有薪酬制度的优势和不足，并提出改进建议。具备运用薪酬数据和统计方法进行分析和决策的能力，能够进行薪酬调查和市场薪酬分析。

二、实训理论基础

（一）薪酬管理的定义

薪酬管理是指组织为员工提供的工资、奖金、福利等经济报酬的设计、实施和调整过程。它包括薪资结构设计、薪资发放、绩效考核与薪酬挂钩、福利管理等方面。

（二）薪酬管理的目标

薪酬管理的目标

(1) 吸引和留住人才：合理的薪酬体系能够吸引和留住组织所需的人才，提高员工满意度和忠诚度。

(2) 激励员工：通过设定激励机制，使员工努力工作并实现个人和组织目标。

(3) 维护内外公平：薪酬管理需要公平、透明，确保员工对薪酬制度的认可和信任，同时也要符合法律法规和社会道德。

(4) 控制成本：薪酬管理需要合理控制成本，确保组织的可持续发展。

（三）薪酬管理的重要性

薪酬管理对于组织有着重要的影响

(1) 激励员工：适当的薪酬可以激励员工更加努力地工作，提高绩效。

(2) 维护公平:公平的薪酬体系能够减少员工间的不满和冲突,维护组织内部的和谐氛围。

(3) 吸引和留住人才:有竞争力的薪酬福利能够吸引和留住优秀人才,提高组织的竞争力。

(4) 提高员工满意度:合理的薪酬管理可以提高员工的满意度和忠诚度,减少员工离职率。

(四) 薪酬设计

1. 薪酬设计的基本原则

(1) 内外公平原则:薪酬应当公平、公正地反映员工的工作价值,同时也要与外部市场薪酬水平相符。

(2) 激励原则:薪酬设计应当能够激励员工更加努力地工作,提高绩效。

(3) 灵活性原则:薪酬设计应当具有一定的灵活性,能够适应组织发展和变革的需要。

(4) 可持续性原则:薪酬设计应当符合组织的财务状况和可持续发展的要求。

2. 薪酬设计的步骤

(1) 确定薪酬管理的目标和原则。

(2) 进行薪酬调查和分析,了解外部市场薪酬水平和内部员工薪酬差异。

(3) 设计薪酬结构,包括基本工资、绩效工资、奖金、福利等各项报酬的比例和关系。

(4) 制定薪酬政策和规定,明确薪酬发放的标准和程序。

(5) 定期进行薪酬评估和调整,确保薪酬体系的有效性和公平性。

(五) 薪酬发放

1. 薪酬发放的方式

(1) 固定工资制:按照员工的职位、岗位等级或工作年限确定固定的工资标准。

(2) 绩效工资制:根据员工的绩效表现确定工资水平,激励员工提高工作绩效。

(3) 奖金制度:根据员工的工作表现、完成的任务等额外给予奖金或绩效津贴。

(4) 福利制度:除了工资和奖金外,提供其他福利待遇,如医疗保险、住房补贴等。

2. 薪酬发放的考虑因素

(1) 绩效表现:员工的工作绩效是决定薪酬发放的重要因素之一。

(2) 岗位价值:不同岗位的工作价值不同,薪酬应当与岗位价值相匹配。

(3) 外部市场:薪酬发放应当与外部市场薪酬水平相符,以保持竞争力。

(4) 经济状况:组织的经济状况是影响薪酬发放水平的重要因素之一。

(六) 绩效考核与薪酬挂钩

1. 绩效考核的意义

绩效考核是评价员工工作表现和贡献的过程,是薪酬管理中重要的环节。绩效考核的意义如下:

(1) 评价员工工作表现:绩效考核可以客观评价员工的工作表现和贡献。

(2) 激励员工:将绩效与薪酬挂钩可以激励员工更加努力地工作,进而提高绩效。

(3) 发现问题和改进机会:绩效考核可以帮助组织发现问题和改进机会,提高工作效率和质量。

2. 绩效考核的方法

(1) 定性评价:通过主管对员工的工作表现进行定性评价,如优秀、良好、一般、不合格等。

(2) 定量评价:通过具体的指标和量化的数据对员工的工作表现进行评价,如销售额、工作完成率等。

(3) 360 度评价:通过多个评价者对员工的工作表现进行评价,包括上级、下级、同事和客户等。

3. 薪酬与绩效挂钩的方式

(1) 基本工资调整:根据员工的绩效评价结果,调整基本工资水平。

(2) 绩效工资制度:根据员工的绩效表现,给予额外的绩效工资或绩效奖金。

(3) 股权激励:将员工的绩效与股权挂钩,通过股权激励措施激励员工更加努力地工作。

(七) 福利管理

1. 福利管理的意义

福利管理是组织为员工提供的非经济报酬,对于激励员工、提高员工满意度和忠诚度具有重要作用。福利管理的意义如下:

(1) 满足员工需求:福利可以满足员工的生活需求,提高员工的生活质量和幸福感。

(2) 提高员工满意度:合理的福利管理可以提高员工的满意度和忠诚度,减少员工离职率。

(3) 维护组织形象:优质的福利可以提高组织的形象和吸引力,有利于吸引和留住人才。

2. 常见福利项目

(1) 医疗保险:为员工提供医疗费用报销或医疗保险。

(2) 养老保险：为员工提供养老金或养老保险。

(3) 住房补贴：为员工提供住房补贴或提供住房公积金。

(4) 假期福利：为员工提供带薪休假、节假日福利等。

(5) 子女教育：为员工的子女提供教育补贴或提供学校资源。

3. 福利管理的原则

(1) 公平原则：福利应当公平、公正地分配给所有员工，不应存在歧视。

(2) 灵活性原则：福利管理应当具有一定的灵活性，能够适应员工的不同需求。

(3) 定期评估原则：福利管理需要定期进行评估，确保福利项目的有效性及符合员工的需求。

（八）薪酬管理的挑战与应对

1. 薪酬管理的挑战

(1) 绩效评估的主观性：绩效评估存在主观性，可能导致公平性问题。

(2) 外部市场的不确定性：外部市场薪酬水平的变化不确定，对薪酬管理提出了挑战。

(3) 组织财务状况的限制：组织财务状况可能限制薪酬发放水平和福利项目的提供。

(4) 工作价值的评估困难：不同岗位的工作价值评估困难，可能导致薪酬不公平。

2. 薪酬管理的应对策略

(1) 建立公平的绩效评估机制：建立客观、公正的绩效评估机制，减少主观因素的影响。

(2) 关注外部市场：关注外部市场薪酬水平的变化，及时调整薪酬发放水平。

(3) 灵活调整薪酬结构：根据组织财务状况和员工需求的变化，灵活调整薪酬结构。

(4) 加强沟通与参与：加强与员工的沟通与参与，提高员工对薪酬管理的认同感和满意度。

三、实训案例

××科技有限公司是一家新兴的科技公司，专注于为企业提供优化解决方案和技术咨询服务，以帮助他们提高效率、降低成本并实现业务增长。公司拥有一支专业、富有经验的团队，由数据科学家、软件工程师和业务咨询师组成。××科技有限公司注重创新和技术领先，不断研发和引入最新的技术和工具，以满足客户不断变化的需求。

公司成立于2015年，总部位于中国北京，在全球范围内拥有多个分支机构。该科技有限公司的主要业务包括数据分析、人工智能、云计算和大数据等。公司的客户遍布各个行业，包括金融业、制造业、医疗保健业和零售业等。

××科技有限公司的基本薪酬制度方案：

（一）薪资结构

（1）基本工资：根据员工的职位级别和工作经验确定，具体数额根据市场行情和公司的财务状况进行调整。

（2）绩效奖金：根据员工的绩效评估结果，给予相应的奖金。绩效评估可以根据项目完成情况、客户满意度、团队合作等指标进行评估。

（3）补贴和津贴：根据员工的实际情况，提供相应的补贴和津贴，如交通补贴、通信津贴等。

（二）薪资调整

（1）年度调薪：每年进行1次薪资调整，根据员工的表现和市场行情进行评估和调整。

（2）晋升加薪：对于表现优秀的员工，可以进行晋升并给予相应的加薪。

（三）福利待遇

（1）社会保险和公积金：为员工缴纳社会保险和公积金，保障员工的基本福利。

（2）健康保险：为员工提供健康保险，包括医疗、意外伤害等方面的保障。

（3）假期制度：根据劳动法规定，为员工提供带薪年假、病假、婚假等合法的休假制度。

（4）培训和发展：为员工提供培训和发展机会，包括内部培训、外部培训和职业发展规划等。

（四）激励机制

（1）股权激励：对于表现突出的员工，可以给予股权激励，让员工分享公司的成长和收益。

（2）项目奖励：对于参与重要项目并取得突出成绩的员工，给予额外的奖励和荣誉。

（五）公司文化和氛围

（1）关注员工的工作和生活平衡，提供灵活的工作时间和工作地点。

(2) 建立良好的团队文化和合作氛围,鼓励员工分享经验、互相学习和成长。

(3) 定期组织员工活动和团队建设活动,增强员工的凝聚力和归属感。

为了保持员工的积极性和激励,××科技有限公司决定重新设计和优化其薪酬制度和方案。新的薪酬制度和方案旨在激发员工的工作动力、提高员工绩效和促进团队合作。公司希望通过合理的薪酬体系,吸引和留住优秀的人才,并为员工提供公平公正的薪酬制度。

四、实训内容

(一) 工作标准训练(上机操作)

工作标准流程表如表 3.22 所示。

表 3.22　职工薪酬制度制定工作标准

工作流程	工作人员	工作时间	工作地点	工作单位	工作资料
开始					
熟悉企业组织架构设计,了解部门岗位设置方案(完整性)	薪酬管理岗	规定时间	人力资源部办公地	人力资源部	企业组织机构设计方案
	人力资源规划岗				部门岗位设置方案
熟悉企业发展计划目标,了解企业收入费用水平(合规性)	薪酬管理岗	计划时间	人力资源部办公地	人力资源部	企业财务资金报表
	绩效考核岗				企业发展经营计划
掌握企业薪酬构成结构,测算岗位工资成本水平(完整性)	财务费用岗	计划时间	人力资源部办公地	人力资源部	职工薪酬基本构成表
	薪酬管理岗			财务部	薪酬调查分析报告

续表

工作流程	工作人员	工作时间	工作地点	工作单位	工作资料
开始					
确定调整薪酬设定标准，行业对比岗位绩效对比（可行性）	绩效考核岗	计划时间	人力资源部办公地	人力资源部	工资水平对比分析表
	薪酬管理岗				薪酬标准调查表
拟定薪酬岗位标准清单，编制薪酬制度文件说明（正确性）	人力资源规划岗	计划时间	人力资源部办公地	人力资源部	单位岗位薪酬表
	薪酬管理岗				薪酬编制说明
制度内部讨论获得共识，组织员工学习严格执行（可行性）	人力资源部经理 公文管理岗 薪酬管理岗	规定时间	人力资源部办公地	行政办公室 人力资源部	企业薪酬制度执行文件 企业薪酬制度
结束					

（二）实训理论基础介绍

（1）薪酬管理的含义和意义。
（2）薪酬设计和薪酬发放。
（3）绩效考核和薪酬挂钩。
（4）福利管理。

五、实训操作步骤

（1）学生分组，每组扮演一个公司的管理团队，参考案例中××科技有限公司的薪酬制度内容，制定小组虚拟公司的具体的薪酬制度。

（2）收集相关信息，如市场薪酬水平、公司财务状况和员工意见等。

（3）讨论并确定薪酬制定的目标和原则。

（4）设计薪酬结构，包括基本工资、绩效奖金和福利待遇。

(5) 制定薪酬管理制度,包括薪酬调整的时间、标准和程序,以及晋升机制。
(6) 向其他组的同学宣布新的薪酬制度,并解释其原因和目的。
(7) 总结实训经验,分享各组的薪酬制度设计和实施情况。

六、实训成绩评价

(1) 统计课堂出勤率(20%)。
(2) 薪酬制度制定工作标准考核成绩(30%)。
(3) 编制薪酬制度方案(小组作业,50%)。

第四章　财经工作能力训练

【导引案例】

赵×大学毕业三年后投资成立××公司，主营智能锁具的生产和销售，公司成立初期，该行业市场竞争还不是很激烈，公司一度发展迅速，然而，随着其他竞争者的加入，企业稍微具有规模之后，出现管理不善、内控不严、利润下滑等问题，严重影响企业的后续发展潜力。为此，赵×向专业的企业管理咨询公司进行咨询，经相关专业人员实地走访调查，发现该公司所在行业前景较好，之所以经营不善，主要问题是财务流程混乱，没有专门的财务人员，而是聘请代理记账公司进行简单的记账。赵×听取了咨询公司建议，决定成立专门的财务部门，聘请张×女士担任财务经理一职，期望达到优化财务管理流程、制定完善财务制度、事前进行财务预算、事后进行审计把关等等目的。假设你是张×女士，应该从哪些方面着手？将业务流程和财务管理完美融合，助力该公司走出困境。

财经工作能力训练是岗位工作标准训练课程中的一部分，通过工作标准训练，可以使学生掌熟悉财经岗位技术标准和管理标准，能够运用工作标准统筹安排工作流程、工作人员、工作时间、工作地点、工作单位、工作资料，帮助学生建立目标导向的思维方式，养成按照工作标准做事的行为习惯，促进应用型财务管理专业人才的培养。

第一节　会计凭证工作能力训练

××公司的业务员李×出差归来，填写相关票据到财务部门报销差旅费，财务工作人员王燕核验相关的高铁车票、住宿发票等凭证，发现住宿费发票超过报销标准300元，财务人员对此问题，应如何处理？

一、实训能力目标

掌握会计凭证相关工作的标准流程与规范要求，掌握会计凭证编制与审核工作中各步骤的时间节点、实施地点、财务审批权限设置等要素。掌握原始凭证的填制规范，审核取得的原始凭证是否合法，掌握记账凭证的编制与审核要求。

二、实训理论基础

会计凭证是指记载会计交易或事项的发生与完成情况，明确经济责任并据以登记账簿的书面证明。会计凭证按照编制的程序与用途不同，可分为原始凭证和记账凭证两大类。

（一）原始凭证

原始凭证是用来证明相关会计事项是否真实发生，或明确相关经办人员责任的原始证明材料。一般单位材料进出库单、成本费用分配表、销售发票等需要企业自己编制，而采购材料的发票、金融机构手续费等此类原始凭证则直接向对方单位索取。不管是本单位内部自制还是从外单位取得的原始凭证，财务人员都要认真进行审核，审核的主要内容包括相关业务的金额和经办人员是否符合审批权限、各种详细项目是否填写规范完整、数字金额合计以及大小写是否相符、凭证是否有涂改挖补痕迹、相关人员和单位的签名盖章是否齐全等。

（二）记账凭证

记账凭证是指财务人员根据审核无误的原始凭证，根据借贷记账法的记账规则，用来明确会计分录并据此登记相关账户的会计凭证。财务人员编制记账凭证时，首先确定记账凭证的种类，一般企业采用收付转三类记账凭证，涉及货币资金收款的经济业务，需编制收款凭证，相反如果是向对方支付货币资金的业务，则需编制付款凭证。对于不涉及货币资金收付的业务，选用转账凭证进行具体编制，在正确选择好记账凭证的基础上，财务人员依次编写凭证字号、填写完成经济业务摘要、借贷方会计科目等内容。会计人员编制完成的记账凭证也需要经财务主管等人员进一步审核，审核的主要内容有记账凭证是否依次按顺序编号，借贷方以及明细会计科目是否运用正确，金额数字是否书写清晰规范，所附的支撑原始凭证是否恰当齐全，相关人员签名盖章是否符合本单位的内部财务控制要求等。

三、实训内容

（一）会计凭证工作标准训练

通过圆通财经工作能力训练平台，掌握会计凭证工作中各个步骤的时间节点、实施地点、职能部门、会计凭证工作中各个环节需要准备的资料以及相应工作成果。

（二）会计凭证的具体填制与审核

根据相应业务资料，完成对应的原始凭证和记账凭证的填制与审核。

四、实训操作步骤

（一）会计凭证工作能力标准训练

进入圆通财经工作能力训练平台，选择相应标准进行训练。记账凭证工作标准具体内容如表4.1所示。

表4.1　记账凭证编制工作标准

工作流程	工作人员	工作时间	工作地点	工作单位	工作资料
开始					
受理业务事项，审核原始凭证（合规性）	业务经办人	受理业务事项时	财务部办公地	财务部	相关业务票据
	审核制证岗		经办部门办公地	业务经办部门	
判断业务性质，选择凭证种类（正确性）	审核制证岗	即时	经办部门办公地	财务部	空白会计凭证
	业务经办人		财务部办公地	业务经办部门	相关业务票据
填写编号日期事项内容摘要（正确性）	业务经办人	即时	经办部门办公地	财务部	会计记账凭证
	审核制证岗		财务部办公地	业务经办部门	原始凭证资料

续表

工作流程	工作人员	工作时间	工作地点	工作单位	工作资料
开始					
编制会计分录，进行试算平衡（正确性）	业务经办人	即时	财务部办公地	财务部	原始凭证汇总表
	审核制证岗		经办部门办公地	业务经办部门	原始凭证资料
					会计记账凭证
确认原始凭证数量，填写附件张数（完整性）	业务经办人	即时	经办部门办公地	业务经办部门	会计记账凭证
	审核制证岗		财务部办公地	财务部	原始凭证资料
检查正确无误，相关人员签名盖章（正确性）	审核制证岗	编写完成时	经办部门办公地	财务部	会计记账凭证
	业务经办人		财务部办公地		原始凭证资料

（二）会计凭证的具体编制训练

（1）根据实训案例资料中相关业务填写完成原始凭证，如图 4.1 所示。

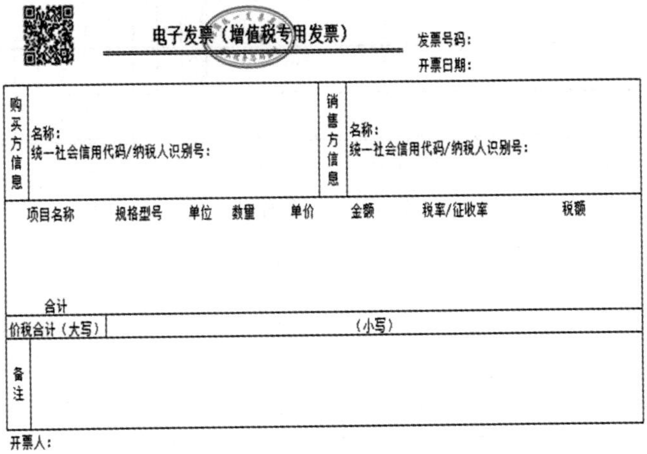

图 4.1　增值税专用发票

(2) 根据实训案例资料中相关业务,选择相应的记账凭证,编制完成记账凭证,如图 4.2、图 4.3、图 4.4 所示。

收 款 凭 证

借方科目：　　　　年　　月　　日　　　　字第　　号

摘要	贷　　方		金　额											√
	总账科目	明细科目	亿	千	百	十	万	千	百	十	元	角	分	
合　　计														

附单据　张

财会主管：　　记账：　　出纳：　　复核：　　制单：

图 4.2　收款凭证

付 款 凭 证

贷方科目：　　　　年　　月　　日　　　　字第　　号

摘要	借　　方		金　额											√
	总账科目	明细科目	亿	千	百	十	万	千	百	十	元	角	分	
合　　计														

附单据　张

财会主管：　　记账：　　出纳：　　复核：　　制单：

图 4.3　付款凭证

转 账 凭 证

年　　月　　日　　　　字第　　号

摘要	总账科目	明细科目	借方金											贷方金额											√
			亿	千	百	十	万	千	百	十	元	角	分	亿	千	百	十	万	千	百	十	元	角	分	
合　计																									

附单据　张

财会主管：　　记账：　　复核：　　制单：

图 4.4　转账凭证

五、实训案例

（一）企业基本情况

1. 企业经营信息（以下示例内容均为方便示意，请读者不要尝试付款等操作。如有企业名称雷同请联系本书出版社。）

名称：北京东海机械制造有限公司

企业性质：国有独资企业（增值税一般纳税人）

开户行及账号：中国工商银行大庆路支行 12008888999

地址：北京市朝阳区大庆路 12 号

电话：010-88786666

纳税人识别号：91110062836823410２

主要产品：A 产品、B 产品

主要原材料：甲材料、乙材料

2. 人员分工及凭证编号规则

法定代表人：李××（总经理）

财务经理：王×（负责审核记账凭证，登记总账，审核报表等。）

会计：赵×（负责审核原始凭证，编制记账凭证，登记明细账，编制报表等。）

出纳：张×（负责开具销售发票、填写支票等原始凭证、登记日记账等。）

凭证分类及编号规则：记账凭证编号要求按照本月所有业务发生的顺序连续编号（收 001、收 002……；付 001、付 002……；转 001、转 002……）。

（二）2023 年 11 月按时间先后依次发生的经济业务

（1）2023 年 11 月 2 日，汇总当日发出的甲材料费用 304000 元，其中，A 产品生产领用 184000 元，B 产品生产领用 100000 元，基本生产车间一般消耗用 20000 元。（附件：领料单）

（2）2023 年 11 月 3 日，经总经理李华林批准，以现金预付行政部门员工田可可差旅费 3000 元。（附件：借款单）

（3）2023 年 11 月 4 日，采购人员从长城公司购入 1000 千克的甲材料，专用发票注明价款为 220000 元，增值税税率为 13%，货款尚欠，材料未入库。（附件：电子增值税专用发票）

（4）2023 年 11 月 6 日，用转账支票支付长江物流公司材料运输费用 6000 元及其增值税 540 元。（附件：转账支票、电子增值税专用发票）

（5）2023 年 11 月 7 日，上述的甲材料全部验收合格入库，按实际成本入账。（附件：收料单）

（6）2023 年 11 月 9 日，收到海洋公司归还欠货款 226000 元，已存入银行（附件：进账单）。

（7）2023 年 11 月 12 日，开出现金支票从银行提取现金 5000 元备用。（附件：现金支票）

（8）2023 年 11 月 13 日，开出转账支票预付下一年度的财产保险费 24000 元，收到普通发票。（附件：转账支票、电子普通发票）

（9）2023 年 11 月 14 日，以银行存款缴纳应交所得税 45000 元（附件：银行缴税付款凭证）。

（10）2023 年 11 月 16 日，向青山实业股份公司出售 B 产品 4000 件，开出增值税专用发票注明单价为 50 元，增值税税率为 13%，收到转账支票。（附件：转账支票、电子增值税专用发票）。

开具电子增值税专用发票所需的对方单位信息如下表 4.2 所示。

表 4.2　增值税专用发票所需信息表

名称：青山实业有限责任公司
开户行及账号：中国农业银行科技路支行 2356789112233
地址：蚌埠市蚌山区解放路 6 号
电话：0551-3177445
纳税人识别号：8115522456789432
发票号码：11122233344455566677

（三）相关要求

（1）填制业务 10 对应的原始凭证增值税专用发票。
（2）编制业务 1、6、9 对应的记账凭证。

六、实训成绩评价

（1）课堂出勤(20%)。
（2）会计凭证工作标准考核成绩(30%)。
（3）会计凭证填写与编制(50%)。

第二节　财务报表编制工作能力训练

财务报表信息的真实准确性直接事关相关使用者的决策正确与否，作为财务人员，按时保质编制完成财务报表是最基本的要求。具体编制各种报表之前，需要先进行账账核对、账实核对等准备工作，以保证财务报表的可靠性。编制完成的财务报表，相关人员签字盖章齐全后，按会计准则的要求时间节点及时提交，以便相关使用者了解相关的财务信息。

一、实训能力目标

通过圆通财经工作标准的系统训练，了解了财务报表编制工作的基本流程、相关工作完成的时间节点，熟悉各项工作的具体负责人员，以及工作中产生的文件资料等等，同时能独立编制完成资产负债表和利润表。

二、实训理论基础

财务报表一般也被称为会计报表，是以日常会计核算资料为主要依据指按照一定的格式加以汇总整理，用以总括反映企业财务状况、经营成果和现金流量等信息的一种书面报告文件。按照我国会计准则的规定，一套完整的财务报表包括资产负债表、利润表、现金流量表、所有者权益变动表及其附注，简称四表一注。

（一）资产负债表

该报表是财务人员依据“资产 = 负债 + 所有者权益”这一会计等式，结合相关会计账户的数据金额，按照会计准则的规定编制完成的，用来总括反映企业某一特定日期全部资产、负债和所有者权益状况的财务报表。一般左边依据转换为现金的能力；自上而下列示各项具体的流动资产和非流动资产，右边列示企业的资金来源与构成；上面列示各种债务，即企业的负债情况；下面详细列示各种所有者权益。通过资产负债表，相关信息使用者可以了解该企业的资产状况是否良好、负债规模是否合理等等相关信息。

（二）利润表

利润表是财务人员依据“收入 - 费用 = 利润”这一会计等式，结合损益类账户的数据金额，按照会计准则的规定编制完成的，总括反映企业在某一特定期间段内的经营成果的会计报表。由于企业经营中各种风险的存在，企业有可能某段时间亏损、某段时间盈利，因此也有不少人将利润表称之为损益表。通过利润表数据，相关利益人可以掌握该企业的盈利能力和盈利质量等信息，如果一个企业的核心盈利能力指标出现问题，则需要管理层尽快提出对策进行扭转。

（三）现金流量表

现金流量表是指反映企业在一定会计期间的现金和现金等价物流入和流出的会计报表。现实生活中，某些企业可能出于扩大销售的原因，放宽信用条件大量采用赊销，甚至有些企业直接进行盈余管理或者财务舞弊，从而导致单看利润表的盈利状况良好，但企业实际资金支付出现困难的后果，因此，为了全面反映企业的现金流量状况，我国会计准则要求从经营活动、投资活动、筹资活动三个方面详细列示企业的现金流入和流出情况。通过该报表，相关利益人可以了解该企业的现金流是否正常，利润是否有相应的经营现金流量来支撑等。

（四）所有者权益变动表

所有者权益变动表是反映企业在一定期间所有者权益各个组成部分增减变动情况的报表。通过该表可以了解企业盈利分配情况，同时可以了解是否存在资金过度分配或者一点不分等不合理的情况。

三、实训内容

（一）财务报表编制工作标准训练

通过圆通财经工作能力平台训练，加强对财务报表编制工作标准的理解，掌握财务报表编制工作中各步骤的时间节点、实施地点、职能部门、各个环节需要准备的资料以及相应工作成果等。

（二）财务报表的编制

根据实训案例中的相关资料，完成资产负债表和利润表的编制。

四、实训操作步骤

（一）财务报表编制工作能力标准训练

进入圆通财经工作能力训练平台，选择相应标准进行训练。财务报表编制工作标准的具体内容如表 4.3 所示：

表 4.3　月度财务报表编制工作标准

工作流程	工作人员	工作时间	工作地点	工作单位	工作资料
整理记账凭证全部业务记账（完整性）	总账与报表岗位	次月初	财务部办公地	财务部	会计账簿资料
					记账凭证
核对账簿记录，确保账证相符（正确性）	总账与报表岗位	结账日	财务部办公地	财务部	日记账
					总账
					明细账
根据编报要求，填制会计报表（真实性）	总账与报表岗位	即时	财务部办公地	财务部	上月报表资料
					资产负债表
					利润表
审核数据关系，对应衔接一致（正确性）	总账与报表岗位	即时	财务部办公地	财务部	利润表
					财务报表复核标志
					资产负债表
填报报表附注，提供全面资料（合规性）	总账与报表岗位	即时	财务部办公地	财务部	会计报表附注
					资产负债表
					利润表

续表

工作流程	工作人员	工作时间	工作地点	工作单位	工作资料
完成审批手续，及时对外报送（合法性）	会计机构负责人	规定时间	总经理办公地	财务部	资产负债表
	单位法人代表		财务负责人办公地	总经理办公室	利润表
	总账与报表岗位				会计报表附注

（二）财务报表编制训练

根据相关实训资料，月底编制科目汇总表，进行试算平衡后，完成资产负债表和利润表的编制。

五、实训案例

××公司为一家主要生产和销售台秤的增值税一般纳税人企业，采用科目汇总表账务处理程序。

（一）该公司期初相关账户信息资料

如表 4.4 和表 4.5 所示。

表 4.4　2023 年 3 月份各总分类账户期初余额表(单位:元)

科目名称	借方余额	科目名称	贷方余额
库存现金	8900	坏账准备	2700
银行存款	2190000	累计折旧	1200000
应收票据	738000	短期借款	99000
应收账款	900000	应付票据	600000
预付账款	300000	应付账款	861400
其他应收款	15000	预收账款	0
原材料	5080000	其他应付款	669800
库存商品	1950000	应付职工薪酬	31000
债权投资	795000	应付利息	3000
长期待摊费用	1000	实收资本	18800000
长期股权投资	3130000	盈余公积	1341000

续表

科目名称	借方余额	科目名称	贷方余额
固定资产	4000000		
在建工程	4500000		
合　计	23607900	合计	23607900

表 4.5　2023 年 3 月份各明细分类账户期初余额表(单位:元)

总账科目	明细账科目	余　额
应收账款	华×有限责任公司	280000(借方)
	三×有限责任公司	240000(借方)
	崇×有限责任公司	380000(借方)
预付账款	古×有限责任公司	300000(借方)
	蓝×有限责任公司	
其他应收款	盛×有限责任公司	15000(借方)
其他应付款	飞×有限责任公司	619800(贷方)
	新×有限责任公司	50000(贷方)
预收账款	高×有限责任公司	
短期借款	××银行	99000(贷方)
应付账款	大×有限责任公司	400000(贷方)
	百×有限责任公司	200000(贷方)
	燕×有限责任公司	261400(贷方)
库存商品	A 产品　13000 台　单件 150 元	1950000(借方)
原材料	甲材料　50000 吨　单件 100 元	5000000(借方)
	乙材料　1000 吨　单件 80 元	80000(借方)

(二) 业务编制的会计分录信息

2023 年 3 月全部业务编制的会计分录信息摘抄如表 4.6 所示。

表 4.6　2023 年 3 月份经济业务对应的会计分录

序号	凭证编号	业务摘要	会　计　分　录
1	付 001	采购原材料	借:原材料——甲材料　4000 应交税费——应交增值税(进项税额)　520 贷:银行存款　4520

续表

序号	凭证编号	业务摘要	会计分录	
2	付 002	张华预支差旅费	借:其他应收款——张华 　贷:库存现金	3000 3000
3	转 001	发出材料	借:生产成本——A 产品 　贷:原材料——甲材料	2000 2000
4	付 003	取现金	借:库存现金 　贷:银行存款	16900 16900
5	转 002	张华报销差旅费	借:管理费用——差旅费 　贷:其他应收款——张华	2800 2800
6	收 001	收回多余借款	借:库存现金 　贷:其他应收款——张华	200 200
7	付 004	发放工资	借:应付职工薪酬 　贷:库存现金	16900 16900
8	转 003	采购材料	借:原材料—丙材料 　应交税费——应交增值税(进项税额) 　贷:应付账款——百×有限责任公司	500 65 565
9	转 004	发出材料	借:制造费用——材料费 　管理费用——材料费 　贷:原材料——乙材料	160 80 240
10	收 002	取得短期借款	借:银行存款 　贷:短期借款——××银行	100000 100000
11	收 003	预收货款	借:银行存款 　贷:预收账款——高×有限责任公司	5000 5000
12	转 005	销售 A 产品	借:预收账款——高×有限责任公司 　贷:主营业务收入 　　应交税费——应交增值税(销项税额)	90400 80000 10400
13	转 006	结转销售成本	借:主营业务成本 　贷:库存商品——A 商品	60000 60000
14	付 005	支付广告费	借:销售费用—广告费 　贷:银行存款	1000 1000

续表

序号	凭证编号	业务摘要	会　计　分　录	
15	付 006	支付货款	借:应付账款——百×有限责任公司 　贷:银行存款	565 565
16	付 007	预付货款	借:预付账款——蓝×有限责任公司 　贷:银行存款	2000 2000
17	转 007	销售 A 产品	借:应收账款——三×有限责任公司 　贷:主营业务收入 　　应交税费——应交增值税(销项税额)	45200 40000 5200
18	转 008	结转成本	借:主营业务成本 　贷:库存商品——A 产品	30000 30000
19	转 009	采购材料	借:原材料——乙材料 　应交税费——应交增值税(进项税额) 　贷:预付账款——蓝×有限责任公司	3000 390 3390
20	付 008	支付剩余货款	借:预付账款—蓝×有限责任公司 　贷:银行存款	1390 1390
21	收 004	接受投资	借:银行存款 　贷:实收资本	40000 40000
22	转 010	计提利息	借:财务费用——利息 　贷:应付利息	3000 3000
23	转 011	分配工资	借:生产成本——A 产品 　制造费用 　管理费用 　贷:应付职工薪酬	8000 6900 2000 16900
24	收 005	收回余款	借:银行存款 　贷:预收账款——高×有限责任公司	85400 85400
25	转 012	计算税金及附加	借:税金及附加 　贷:应交税费——应交城建税 　　　　　——应交教育费附加	1462.5 1023.75 438.75
26	转 013	计提折旧	借:制造费用 　管理费用 　贷:累计折旧	1200 400 1600

续表

序号	凭证编号	业务摘要	会　计　分　录	
27	转 014	结转制造费用	借:生产成本——A 产品 　贷:制造费用	8260 8260
28	转 015	结转完工产品	借:库存商品——A 产品 　贷:生产成本	18260 18260
29	转 016	结转各项收入	借:主营业务收入 　贷:本年利润	120000 120000
30	转 017	结转各项费用	借:本年利润 　贷:主营业务成本 　　管理费用 　　销售费用 　　财务费用 　　税金及附加	100742.5 90000 5280 1000 3000 1462.5
31	转 018	计算企业所得税	借:所得税费用 　贷:应交税费——应交所得税	4814.38 4814.38
32	转 019	结转所得税费用	借:本年利润 　贷:所得税费用	4814.38 4814.38

(三)相关报表

需要完成的相关报表格式如下表 4.7、表 4.8 和表 4.9 所示。

表 4.7　利华公司科目汇总表

单位:元

账户名称	期初余额		本期发生额		期末余额	
	借方	贷方	借方	贷方	借方	贷方
库存现金						
银行存款						
应收票据						
应收账款						
预付账款						
其他应收款						
原材料						

续表

账户名称	期初余额		本期发生额		期末余额	
	借方	贷方	借方	贷方	借方	贷方
生产成本						
制造费用						
库存商品						
债权投资						
长期待摊费用						
长期股权投资						
固定资产						
在建工程						
坏账准备						
累计折旧						
短期借款						
应付票据						
应付账款						
预收账款						
其他应付款						
应交税费						
应付职工薪酬						
应付利息						
实收资本						
盈余公积						
本年利润						
主营业务收入						
主营业务成本						
税金及附加						
销售费用						
管理费用						
财务费用						
所得税费用						
合　　计						

表 4.8　资产负债表

填制单位:利×有限责任公司(2023 年 3 月 31 日)　　单位:元

资　　产	期末余额	年初余额(略)	负债及所有者权益	期末余额	年初余额(略)
流动资产			流动负债		
货币资金			短期借款		
应收票据			应付票据		
应收账款			应付账款		
预付款项			预收款项		
应收利息			应付职工薪酬		
应收股利			应交税费		
其他应收款			应付利息		
存　　货			应付股利		
流动资产合计			其他应付款		
非流动资产			流动负债合计		
债权投资			非流动负债		
长期股权投资			长期借款		
固定资产			应付债券		
在建工程			长期应付款		
无形资产			非流动负债合计		
长期待摊费用			负债合计		
非流动资产合计			所有者权益		
			实收资本		
			资本公积		
			盈余公积		
			未分配利润		
			所有者权益合计		
资产总计			负债及所有者权益总计		

表 4.9　利润表

填制单位:利×有限责任公司(2023 年 3 月)　　单位:元

项目	本期金额	上期金额(略)
(一) 营业收入		
减:营业成本		
税金及附加		
销售费用		
管理费用		
财务费用		
加:其他收益		
投资收益		
公允价值变动收益		
资产减值损失		
(二) 营业利润		
加:营业外收入		
减:营业外支出		
(三) 利润总额		
减:所得税费用		
(四) 净利润		

六、实训成绩评价

(1) 课堂出勤(20%)。
(2) 财务报表编制工作标准考核成绩(30%)。
(3) 财务报表编制(50%)。

第三节　盈利能力分析工作能力训练

企业盈利能力的高低对投资者取得投资收益的多少具有决定性的作用。不同的利益相关者因立场不同,在进行盈利能力分析时,所选的具体指标要有所差异。为全面真实地分析一家企业的盈利能力,除了传统的盈利能力分析指标之外,不少学者构建了一些新的反映盈利质量的指标，不断丰富完善盈利能力分析的指标体系。

一、实训能力目标

掌握盈利能力分析工作的标准流程与规范要求。掌握盈利能力分析工作中各步骤的时间节点、实施地点、工作资料等。掌握盈利能力分析常用的具体指标以及分析方法。能够结合具体的企业资料，撰写完成内容充实的盈利能力分析报告。

二、实训理论基础

（一）盈利分析的主要内容

进行盈利能力分析时，主要借助企业近年来的利润表数据，采用多个指标来判断企业盈利能力是否向好发展，一般的逻辑过程是首先分析销售收入带来的盈利情况，常用的指标有销售毛利率、销售净利率等；其次分析企业所有资源产生的盈利回报，常用总资产净利润率等指标评价；最后站在所有者角度来对企业盈利进行分析，常用净资产收益率、每股收益等资产衡量评价。

具体对企业进行盈利分析分析时，除了以上提到的常规指标之外，还要关注企业的盈利质量状况，一个正常企业盈利的主要来源应该是日常经营活动所产生，并且伴随着同步的经营活动现金净流入。因此近年来不少学者构建出一些评价盈利质量的相关指标体系，用以甄别企业盈利的真实性，比如为避免有些企业通过营业外收支等手段粉饰提高净资产收益率等常规盈利能力指标，就可以同时采用核心利润率来进行分析企业利润来源是否正常，类似地，通过将利润表和现金流量表相互结合，借助销售净现率、净利润现金比率等指标来判断企业的盈利是否有现金流入量的支撑。

（二）盈利分析的主要方法

最常用的盈利能力分析方法是比较分析法，实务中一般通过纵向对比和横向对比，分析企业盈利能力是不断提升还是持续恶化。为更深层次挖掘企业盈利能力变化的原因，可以运用杜邦分析法以净资产收益率为起点，通过层层分解深入分析究竟是哪些因素导致企业盈利能力下降。

三、实训内容

（一）盈利能力分析工作标准训练

(1) 通过圆通财经工作能力训练平台，掌握盈利能力分析工作中各步骤的时间节点、实施地点、职能部门等有关规定。

(2) 通过编制思路导图加强对盈利能力分析工作标准的理解，掌握盈利能力分析工作中各个环节需要准备的资料以及相应工作成果。

（二）盈利能力分析报告的撰写

(1) 自行选择一个上市公司，要求近 5 年没有重组、违法等异常事件的公司，收集整理盈利能力分析指标数据。

(2) 撰写完成一份完备的企业盈利能力分析报告。

四、实训操作步骤

（一）盈利能力分析工作能力标准训练

进入圆通财经工作能力训练平台，选择相应标准进行训练。盈利能力工作标准的具体内容如表 4.10 所示。

表 4.10　盈利能力评价工作标准

工作流程	工作人员	工作时间	工作地点	工作单位	工作资料
收集评价资料（完整性）	总账与报表岗位	整理相关资料时	财务部办公地	财务部	评价期资产负债表
	财务分析与评价岗				评价期利润表
					同行业盈利能力资料
编制评价指标体系（正确性）	财务分析与评价岗	即时	财务部办公地	财务部	评价指标体系表

续表

工作流程	工作人员	工作时间	工作地点	工作单位	工作资料
计算实际盈利指标（正确性）	财务分析与评价岗	即时	财务部办公地	财务部	实际盈利能力指标
					评价期资产负债表
					评价期利润表
选择评价标准（可行性）	财务分析与评价岗	即时	财务部办公地	财务部	评价盈利能力标准指标
逐项对比评价（正确性）	财务分析与评价岗	即时	财务部办公地	财务部	实际盈利能力指标
					评价盈利能力标准指标
					逐项指标对比评价资料
汇总评价结果形成评价报告（完整性）	会计机构负责人	即时	财务部办公地	财务部	逐项指标对比评价结果
	财务分析与评价岗				盈利能力综合评价报告

（二）盈利能力分析报告撰写训练

（1）查找公司近5年财务报告，整理盈利能力指标数据。

（2）对该公司的近5年的盈利能利进行纵向对比分析。

（3）查找同行业公司指标，对该公司的近5年的盈利能力进行横向对比分析。

（4）根据分析结果，提出提高该公司盈利能力的建议。

（5）整理完成盈利能力分析报告。

五、实训案例

光×乳业公司盈利能力分析报告

（一）光×乳业公司简介

1996年，光×乳业股份有限公司正式成立，它是由国资、社会公众资本共同组建的产权多元化股份制上市企业，主营业务涵盖了乳制品开发、生产以及销售等诸多领域。

（二）光×乳业盈利能力分析

1．与投资有关的盈利能力分析

（1）净资产收益率

光×乳业公司的净资产收益率与行业均值对比信息如表4.11和图4.5所示。

表4.11　光×乳业净资产收益率与行业均值对比表

项　目	2017年	2018年	2019年	2020年	2021年
光×乳业	11.90	6.30	9.00	10.10	8.40
天×乳业	12.60	13.00	14.30	11.40	7.90
新×乳业	20.50	18.10	14.20	11.70	11.80
燕×乳业	13.40	4.60	13.00	10.20	14.20
伊×股份	24.90	24.10	25.40	25.00	22.30
行业均值	6.10	4.10	3.60	4.20	5.90

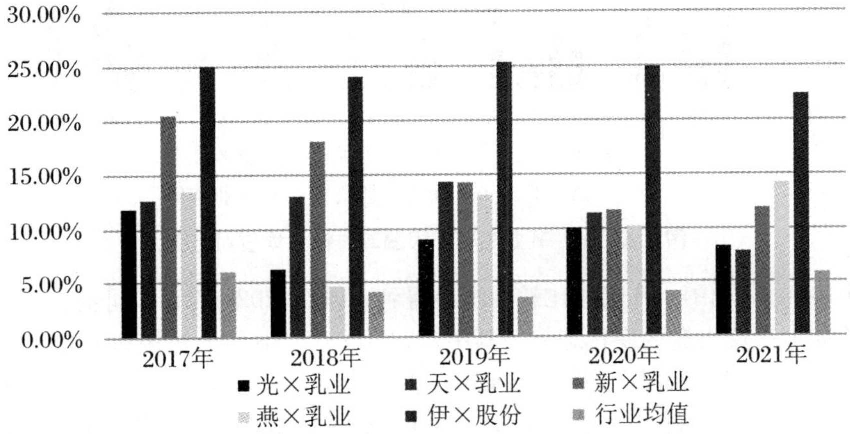

图4.5　光明乳业净资产收益率与行业均值对比图

从表 4.11 和图 4.5 中可以得到，2017—2021 年公司净资产收益率呈现出波动下降的变化态势。其中，2017—2018 年光×乳业的净资产收益率下跌到最小值 6.30%。2018—2020 年净资产收益率逐年上升到 10.10%。2020—2021 年降到 8.40%。通过与行业平均值相比较可以看出，光×乳业的净资产收益率都明显高于行业均值，这能够在一定程度说明光×乳业股份有限公司在净资产收益率上在整个行业内处于中上水平。

(2) 总资产报酬率

该公司总资产报酬率如表 4.12 所示，与同行业均值比照如图 4.6 所示。

表 4.12　光×乳业总资产报酬率与行业均值对比表

项　　目	2017 年	2018 年	2019 年	2020 年	2021 年
光×乳业	3.79	1.96	2.80	3.20	2.72
天×乳业	7.65	7.06	7.29	6.39	4.94
新×乳业	5.03	5.63	5.08	3.89	3.45
燕×乳业	9.71	3.18	9.37	7.74	10.42
伊×股份	13.55	13.29	12.83	10.76	10.06
行业均值	5.00	4.30	3.70	3.40	3.70

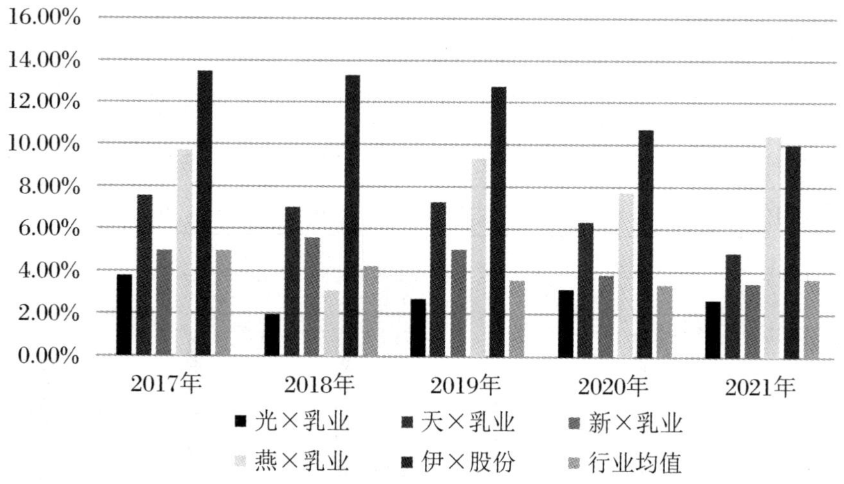

图 4.6　光×乳业总资产报酬率与行业均值对比图

由表 4.12 和图 4.6 能够比较明晰地得到，2017—2021 的 5 年间企业总资产报酬率总体上呈现出振荡变化态势。其中，从 2017—2018 年的这段时间里出现了一定程度的下降，2018 年降至近 5 年来的最低值 1.96%，然而从 2018—2020 年却逐年升高到 3.20%左右。自此之后，2021 年降低到 2.72%左右。通过与行业平均值相比较可以看出，2017—2021 年里，企业的总资产报酬率大都低于行业均值，2020

年接近平均值，这能够在一定程度上说明光×乳业股份有限公司在总资产报酬率上在整个行业内处于中下游水平。

2．与营业有关的盈利能力分析

（1）销售毛利率

销售毛利率和行业均值比照如表 4.13 和图 4.7 所示。

表 4.13　光×乳业销售毛利率与行业均值对比表

项　　目	2017 年	2018 年	2019 年	2020 年	2021 年
光×乳业	3.77	2.51	3.02	3.11	1.94
天×乳业	8.49	8.07	8.73	8.69	7.63
新×乳业	4.9	5	4.4	4.3	3.8
燕×乳业	10	3.49	8.65	6.57	7.86
伊×股份	8.9	8.2	7.7	7.4	7.9
行业均值	6.1	5.9	4.2	3.6	4.1

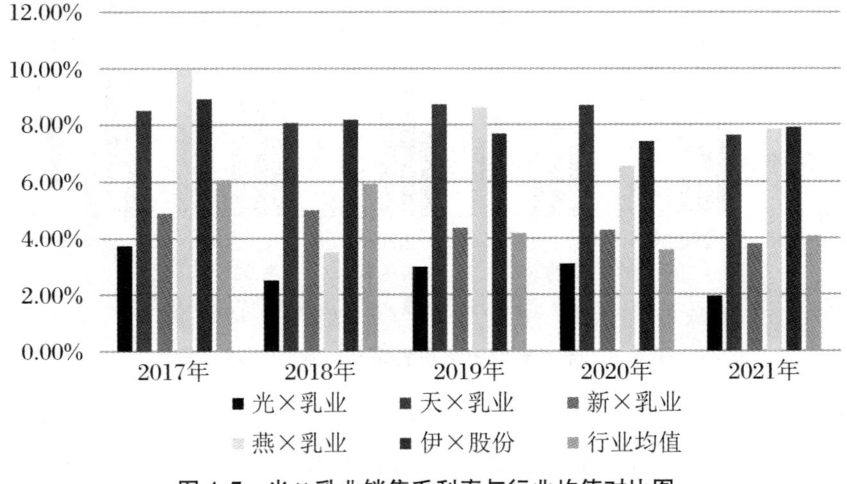

图 4.7　光×乳业销售毛利率与行业均值对比图

从图 4.7 和表 4.13 中的数据得知，2017—2021 年光×乳业股份有限公司的销售毛利率表现为下降的态势。在这之中，2017—2018 年出现了小幅的上升，然而从 2019—2021 年却迅速降低到 18.35%左右。与行业平均值相比较得知，光×乳业股份有限公司在 2017—2019 年销售毛利率远远超出行业平均值，说明光×乳业股份有限公司在销售毛利率上在整个行业内处于上游水平，盈利能力较强。但在 2020 年后趋于平均值，在 2021 年后低于平均值，盈利能力减弱。

（2）销售净利率

销售净利率和行业均值比对如表 4.14 和图 4.8 所示。

表 4.14　光×乳业销售净利率与行业均值对比表

项　目	2017 年	2018 年	2019 年	2020 年	2021 年
光×乳业	3.77	2.51	3.02	3.11	1.94
天×乳业	8.49	8.07	8.73	8.69	7.63
新×乳业	4.90	5.00	4.40	4.30	3.80
燕×乳业	10.00	3.49	8.65	6.57	7.86
伊×股份	8.90	8.20	7.70	7.40	7.90
行业均值	6.10	5.90	4.20	3.60	4.10

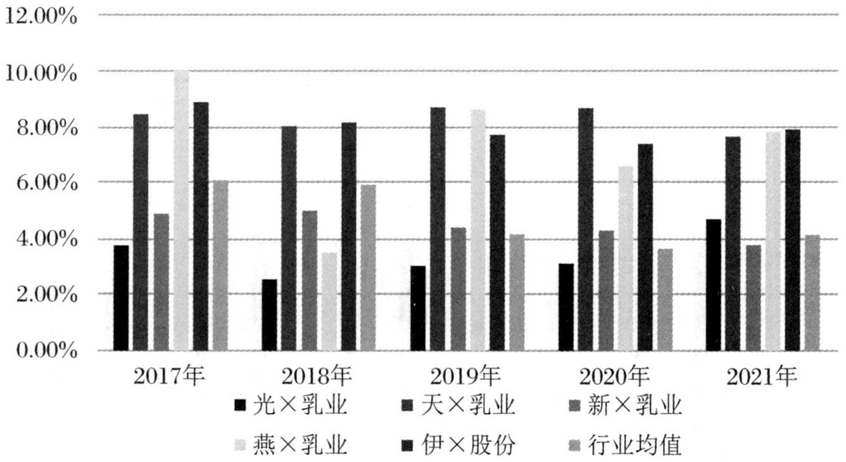

图 4.8　光×乳业销售净利率与行业均值对比图

从表 4.14 和图 4.8 中的数据发现，2017—2021 这五年，公司的销售净利率持续表现为在波动中下降的趋势。其中，2017—2018 年出现了大幅下降，不过在 2019 年又快速升高至 3.02%。自此之后，2020—2021 年快速减小到 1.94%波动超过 1.5%。通过与行业平均值相比较可以看出，光×乳业股份有限公司在销售净利率上在整个行业内处于下游水平。

（3）营业利润率

由表 4.15 和图 4.9 中可以看出，光×乳业公司 2017—2021 年间，公司的营业利润率一直明显呈现出波动变化的态势。其中，在 2017—2019 这几年间呈现出小幅度的上升，但在 2020 年的时候升高到最近 5 年来的最高值 4.80%，不过 2020—2021 年又快速降低至 2.25%。通过食品行业的平均值对比得知，光×乳业有 4 个年份高于整个行业平均值，说明光×乳业股份有限公司在营业利润率在整个行业内处于中上游水平，但近2年很不稳定。

表 4.15　光×乳业营业利润率与行业均值对比表

项　　目	2017年	2018年	2019年	2020年	2021年
光×乳业	5.08	4.19	5.03	4.74	2.25
天×乳业	11.01	10.76	11.35	11.01	8.82
新×乳业	5.09	5.19	4.54	4.40	4.10
燕×乳业	11.51	5.22	10.18	8.32	9.62
伊×股份	10.54	9.74	9.20	8.87	9.29
行业均值	2.80	3.30	3.40	4.80	3.10

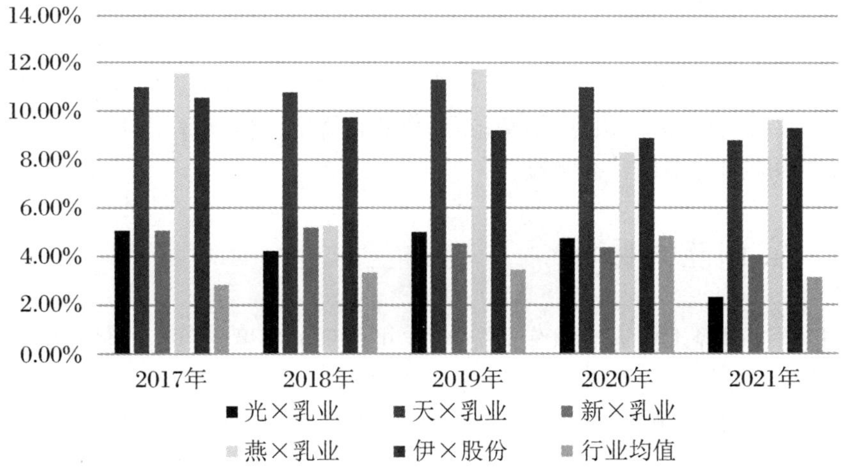

图 4.9　光×乳业营业利润率与行业均值对比图

（三）提高光×乳业公司盈利能力的建议

1. 降低期间费用

众所周知，对于企业发展而言，如果能够在保证产品质量的基础上，最大限度地压缩成本支出，那么对于其自身发展而言显然是极为有利的，同时可以更好地增强企业的盈利能力。

2. 提升营业利润率

要想进一步提升营业利润率，最有效的方法无非只有开源与节流两种。就开源方面而言，应当立足于企业自身发展的实际情况以及外部经济状况，实施产品深加工策略，进而逐步扩大销售规模，同时适当增加投资收益等。

六、实训成绩评价

(1) 课堂出勤(20%)。
(2) 盈利能力分析工作标准考核成绩(30%)。
(3) 盈利能力分析报告(50%)。

第四节　年度预算工作能力训练

预算作为一种管理工具,能够渗透到事先计划、事中控制、事后评价考核等各个环节,为此财政部制定了《管理会计应用指引第200号——预算管理》,自2018年以来,相关专家收集不同企业的成功典型案例,整理优化后在全国范围内进行推广应用。滚动预算、弹性预算、零基预算、作业预算等具体预算工具在政府部门、企事业单位的应用效果也日益明显。

一、实训能力目标

通过圆通财经工作标准训练系统,学生可以理解年度预算工作体系的构成,掌握年度预算的业务流程编制、各项具体预算工作完成的时间节点、各项工作的具体负责人员,以及整个预算工作中产生的文件资料等,同时能独立编制一套年度预算报表。

二、实训理论基础

单位在编制年度预算时,应根据以往的销售收入、成本费用支出等历史数据,结合预算年度的经营目标,各部门配合完成整个年度预算工作。一般工业制造企业的年度预算包括三块具体内容:一是各业务部门编制的业务预算,如销售部门编制的销售预算、生产部门编制的生产预算等;二是财务部门编制的财务预算;三是专项预算。如果年度预算涉及固定资产更新、重大筹资或者投资活动等专门事项,由企业的相关部门会同财务部门共同编制完成。

(一) 销售预算

由于现在企业经营的内外环境复杂多变,为了降低经营风险,同时节约经营资金,企业应尽可能保证生产和销售一直同步,也就是后续的生产供应均以销售为中心展开，因此销售部门在做销售预算时，要结合各个细分市场、消费者偏好、竞争对手等因素，详细预测不同产品和不同市场的销售价格和销售量，同时考虑不同客户的信用状况，汇总编制完成销售预算，如果销售预算脱离实际差异大，后续的预算也将失去作用，因此，企业编制的销售预算一定要切实可行。

（二）生产预算

根据销售预算中不同产品的销售量，同时考虑经营中因设备故障或者临时客户加大采购等异常情况，企业还需要设置合理的保险储备量，在确定这些因素的基础上，生产部门即可编制完成生产预算。

（三）直接材料预算

在生产预算的基础上，采购部门可以根据每种产品的材料消耗定额以及所需要的各种材料的单位采购价格，同时结合期初期末的材料库存量数据，汇总编制完成材料采购预算。在实际工作中，企业一般会争取延迟付款，这样方便后面的现金预算以及资产负债表中应付账款项目预计，直接材料预算还要反映因材料采购所需要支付的货币资金情况。

（四）直接人工预算

和直接材料预算类似，根据不同产品的工时定额以及不同工种的工资率，企业能够得到直接人工预算。具体编制预算时，要考虑到生产工时定额和小时工资率是否需要调整，尤其是近年来受到人工成本不断上涨的影响。

（五）制造费用预算

在企业产品生产制造过程中，除了编制上面的直接材料和直接人工费用影响之外，其他的与生产相关的各项间接费用，也需要编制制造费用预算。实际编制时，一般根据成本特性，变动性质的制造费用根据相关业务量进行计算，固定性质的制造费用根据历史数据进行适当调整。需要注意的是，由于生产设备和厂房的折旧费、无形资产的摊销费等实际不需要支付货币资金，在编制现金支出预算时要进行扣除。

（六）产品成本和期末存货预算

根据前面的工料费定额以及对应的单位成本，确定出不同产品的单位成本，实际编制该预算时，可以选择采用变动成本法或者完全成本法。依据生产及销售预算等资料，很容易得到期末成品存货成本和本期的销售成本数据。

（七）销售及管理费用预算

该预算主要反映预算期内推动产品销售和保证各项经营管理活动正常进行而

产生的费用。编制时，根据以往的实际数据进行计算调整。同样，如果遇到设备或者房屋折旧费和无形资产摊销费用等不需要实际支付的情况，注意在编制现金支出预算时进行扣除。

（八）现金预算

财务部门根据前面相关业务预算，汇总所有的现金收入和现金支出，如果资金有盈余，在保证日常支付的基础上，及时归还相关债务，相反如果现金收入不够各种经营支出，财务人员应考虑提前筹措资金。

（九）预计利润表

编制预计利润表时，可以选择变动成本法或完全成本法，但具体的列示项目有所差别。如采用变动成本法，先在收入的基础上扣除所有的变动成本，得到边际贡献，再在边际贡献的基础上扣除全部的固定成本。而采用完全成本法时，先是在收入的基础算个扣除销售成本得到销售毛利指标，再在毛利的基础上扣除传统的三项期间费用。如果利润没有达到企业的预计目标，则需要对前面的相关预算进行调整。

（十）预计资产负债表

在前面所有的预算完成之后，财务人员就可根据以上各项预算分析计算编制完成预计资产的负债表。通过该预算，可以判断出企业的各项资产是否良好，负债规模是否可控。如果与预期目标差距过大，同样需要对前面的相关预算进行分析调整。

三、实训内容

（一）年度预算工作标准训练

通过圆通财经工作能力训练平台，加强学生对年度预算工作标准的理解，掌握年度预算工作中各步骤的时间节点、实施地点、职能部门、各个环节需要准备的资料以及相应工作成果等。

（二）年度预算的具体编制

（1）编制销售预算、生产预算等各项业务预算。

（2）编制现金预算、预计资产负债表等各项财务预算。

四、实训操作步骤

（一）年度预算工作能力标准训练

进入圆通财经工作能力训练平台，选择相应标准进行训练。年度预算编制工作标准的具体内容如表 4.16 所示。

表 4.16　年度预算编制工作标准

工作流程	工作人员	工作时间	工作地点	工作单位	工作资料
拟定年度经营目标（可行性）	预算管理岗位	年末	财务部办公地	财务部	年度经营目标指标
	董事会成员		董事会办公地	董事会	
成立年度预算小组（正确性）	预算小组成员	即时	预算编制小组办公地	预算编制小组	年度预算编制领导小组名单
	预算管理岗位		财务部办公地	财务部	企业编制年度预算文件
分解年度经营指标（正确性）	预算管理岗位	即时	各责任单位办公地	各责任单位	年度经营目标指标
	预算小组成员		预算编制小组办公地	预算编制小组	经营指标责任单位分解
	各责任单位领导		财务部办公地	财务部	
编制年度部门预算（可行性）	预算小组成员	即时	预算编制小组办公地	预算编制小组	年度经营目标指标
	部门预算编制员		各责任单位办公地	各责任单位	经营指标责任单位分解
					各责任单位年度预算

续表

工作流程	工作人员	工作时间	工作地点	工作单位	工作资料
年度预算汇总平衡(正确性)	预算管理岗位	即时	预算编制小组办公地	预算编制小组	各责任单位年度预算汇总
	预算小组成员		财务部办公地	财务部	综合平衡后的企业年度预算
					各责任单位年度预算
董事会审核决议批准(合规性)	预算小组成员	即时	财务部办公地	财务部	董事会批准的企业年度预算
	董事会成员		董事会办公地	董事会	综合平衡后的企业年度预算
	预算管理岗位		预算编制小组办公地	预算编制小组	

(二) 年度预算工作的具体编制训练

结合具体的实训案例资料,在完成各项业务预算的基础上,编制完成预计利润表和预计资产负债表,详细见表 4.17、表 4.18、表 4.19、表 4.20 和表 4.21、表 4.22、表 4.23、表 4.24、表 4.25、表 4.26、表 4.27、表 4.28。表格可根据需要进行修改。

表 4.17　销售预算表

项　　目	第一季	第二季	第三季	第四季	全　年
预计销量					
单　　价					
收　　入					

表 4.18　现金销售收入预算表

项　　目	第一季	第二季	第三季	第四季	全　年
销售收入					
收到上季销货款					
收到本季销货款					
现金收入合计					

表 4.19　生产预算表

项　　目	第一季	第二季	第三季	第四季	全　年
销售量					
加:期末存货量					
减:期初存货量					
预计生产量					

表 4.20　直接材料预算表

项　　目	第一季	第二季	第三季	第四季	全　年
预计生产量					
单位产品材料定额					
预计生产需要量					
加:期末存料量					
减:期初存料量					
预计材料采购量					
材料单价					
预计材料采购额					

表 4.21　材料采购现金支出预算表

项　　目	第一季	第二季	第三季	第四季	全　年
预计材料采购额					
应付上季材料款					
应付本季材料款					
材料现金支出					

表 4.22　直接人工预算表

项　　目	第一季	第二季	第三季	第四季	全　年
生产量					
单位产品工时定额					
总工时					
工资率					
直接人工成本					

表 4.23　制造费用预算表

项　　目	第一季	第二季	第三季	第四季	全　年
直接人工工时					
变动制造费用分配率					
变动制造费用总额					
固定制造费用总额					
减:固定资产折旧					
制造费用现金支出					

表 4.24　产品成本及期末存货预算表

项　　目	单位消耗定额	价格标准	单位成本
直接材料			
直接人工			
变动制造费用			
单位产品成本			
期末存货量			
期末产成品成本			

表 4.25　销售及管理费用预算表

项　　目	第一季	第二季	第三季	第四季	全　年
销售量					
变动销售及管理费用分配率					
变动销售及管理费用					
固定销售及管理费用					
销售及管理费用现金支出					

表 4.26　现金预算表

项　　目	第一季	第二季	第三季	第四季	全　年
期初现金余额					
加:本期现金收入					
可用现金合计					
减:直接材料					
直接人工					
制造费用					
销售及管理费用					
上交所得税					
购置设备					
支付股利					
现金支出合计					
现金结余或不足					
向银行借款					
归还本金					
支付利息					
期末现金余额					

表 4.27　预计利润表

项　　目	第一季	第二季	第三季	第四季	全　年
销售收入					
减:变动成本					
变动生产成本					
变动销售及管理费用					
边际贡献					
减:固定成本					
固定制造费用					
固定销售及管理费用					
息税前利润					

续表

项　　目	第一季	第二季	第三季	第四季	全　年
减:财务费用					
税前利润					
减:所得税					
税后净利润					

表 4.28　预计资产负债表

单位:元

资　　产	金　　额	负债及所有者权益	金　　额
流动资产		流动负债	
货币资金		应付账款	
应收账款			
材料存货			
产成品存货			
流动资产合计		负债合计	
固定资产		实收资本(股本)	
累计折旧		留存收益	
固定资产净值		所有者权益合计	
资产合计		负债及所有者权益合计	

五、实训案例

××公司下个预算年度2024年产销一种产品,每季度的商品销售在当季收到货款的70%,其余的30%在下季度收讫,2023年末的应收账款余额为62000元,该产品计划年度的分季度销售量分别为10000、15000、20000、18000件,单价为40元。预算年度内每季度季末产成品存货占下季度销售的10%,预算年末存货量为2000件,预算年度初产成品存货为1000件。

该产品的直接材料消耗定额为3千克/件,采购单价为5元/千克,为保证生产经营,要求库房每季度季末保存的材料存货量占下季度生产需要量的10%,预算年度期末材料存量为5000千克,预算年度期初材料存货量为3000千克,每季度材料采购在当季付款60%,其余在下季度付清,该企业预算期初应付账款为60000元。该企业直接人工只有一个工种,生产工时为0.5小时,每小时工资率为8元。工资当月结清。预算期按照生产工时进行分配的变动制造费用分配率为6元/小时,固定制造费用总额为 240000 元(其中折旧费为 80000 元)。其他制造费用均须当季现金付清。预算期内变动销售及管理费用占销售额的 10%,固定的销售及管理费用总额为 100000 元。

该企业为了保证日常正常经营收支顺畅,财务上要求现金余额不低于 30000 元。若资金不足或者多余,可以以 1000 元为单位向银行借款或还款,年利率为 6%,每季度初借入,每季度末偿还,本金及利率同时偿还。专门决策预算中,预计第三季度支付股利 50000 元,第二和第三季度设备购置支出分别为 120000 元和 120000 元。预算期内每季度预交所得税 20000 元,预算期年初货币资金余额为 30000 元,详细数据见表 4.29。

表 4.29　××公司期初资产负债表

单位:元

资　　产	金额	负债及所有者权益	金额
流动资产		流动负债	
货币资金	30000	应付账款	60000
应收账款	62000	长期借款	50000
材料存货	15000		
产成品存货	22000		
流动资产合计	129000	负债合计	110000
固定资产	1050000	实收资本(股本)	800000
减:折旧	240000	留存收益	29000
固定资产净值	810000	所有者权益合计	829000
资产合计	939000	负债及所有者权益	939000

六、实训成绩评价

(1) 课堂出勤(20%)。

(2) 年度预算工作标准考核成绩(30%)。

(3) 公司年度预算编制(50%)。

第五节　固定资产盘点工作能力训练

固定资产属于劳动资料,是企业进行生产及管理的要素之一。由于固定资产的种类及数量较多,使用中存在变动等复杂情况,为完善企业对固定资产的管理和核算,充分挖掘现存固定资产的使用潜力,根据企业会计准则的规定,企业应当定期或至少每年年末对固定资产进行清查盘点,以实现账实相符,保证企业财产的安全完整。

一、实训能力目标

通过固定资产盘点工作能力训练,使学生能够掌握固定资产期末清查的方法,理解“待处理财产损溢”账户的结构和内容,掌握固定资产盘点的工作标准及固定资产盘点的账务处理方法。

二、实训理论基础

固定资产清查前要建立清查小组,编制固定资产清查计划。清查中要按事先编制好的计划认真进行实地盘点,核实有关记录和事项。在清查过程中,如果发现有盘盈或盘亏的固定资产,应查明原因,并填制“固定资产盘盈盘亏报告表”,以书面形式报股东大会或董事会,或经理(厂长)会议或类似机构批准后,在期末结账前处理完毕。报经批准处理之前,盘点固定资产的净值应先作为待处理财产损溢处理。

为做好固定资产盘点工作,企业应设置“以前年度损益调整”和“待处理财产损溢”账户。其中,盘亏固定资产通过“待处理财产损溢”账户核算,该账户期末处理后应无余额;盘盈固定资产通过“以前年度损益调整”账户核算。

“以前年度损益调整”和“待处理财产损溢”账户的结构如下:

“待处理财产损溢”账户借方登记待处理的财产盘亏或毁损金额,贷方登记待处理的财产盘盈金额。上级批复意见下达后,盘亏或毁损的金额从该账户的贷方转销,盘盈的金额从该户的借方转销。期末,该账户的余额可能在借方也可能在贷方。若为借方余额,表示尚待批准处理的财产物资盘盈数;若为贷方金额,表示尚待批准处理的财产物资盘亏或毁损数。“以前年度损益调整”账户借方登记会计差错引起的损益减少额,贷方登记会计差错引起的损益增加额和固定资产盘盈金额。该账户的余额可能在借方也可能在贷方,期末一律将余额转入“利润分配—未分配利润”账户。

三、实训内容

(一)固定资产盘盈

固定资产盘盈是指通过清查发现有的固定资产在企业账簿上并没有做记录,即账小于实或实大于账。根据企业会计准则规定,财产清查中发现盘盈的固定资产，应作为前期差错处理，在按管理权限报经批准处理前应先通过“以前年度损益调整”账户核算，具体会计处理为借记“固定资产”账户，贷记“以前年度损益调整”账户。

盘盈固定资产的入账价值为其重置成本，即“现在购买相同或者相似资产所需支付的现金或者现金等价物的金额”①。如果同类或类似固定资产存在活跃市场，重置成本为同类或类似固定资产的市场价格，减去按该项固定资产新旧程度估计价值损耗后的余额；如果同类或类似固定资产不存在活跃市场的，重置成本为盘盈固定资产的预计未来现金流量的现值。

（二）固定资产盘亏

固定资产盘亏是指账簿记录企业拥有的固定资产，其实物在实地盘点时并不存在，即账大于实或实小于账。企业在财产清查中发现盘亏的固定资产，应冲销该固定资产的账面价值，把账面价值转入“待处理财产损溢”账户，需要进项税转出，还要进行增值税的相关处理。按管理权限报经批准后处理时，先扣除可收回的赔偿，再将盘亏净损失计入“营业外支出”账户。

四、实训操作步骤

（一）熟记工作标准，进行平台训练

固定资产盘点工作标准是指企业固定资产管理岗位和财务部门对固定资产进行清查盘点的工作规范（表 4.30）。进入圆通财经工作能力训练平台，选择“固定资产盘点工作标准”进行训练，每组至少训练两遍，必须在规定时间内完成“固定资产盘点工作标准”训练，最后系统自动评分。

表 4.30　固定资产盘点工作标准

工作流程	工作人员	工作时间	工作地点	工作单位	工作资料
成立工作小组，拟定盘点方案（合规性）	固定资产管理部负责人	计划时间	固定资产管理部办公地	固定资产管理部	固定资产管理制度
	盘点小组成员		盘点小组办公地	盘点小组	固定资产盘点方案
	会计机构负责人		财务部办公地	财务部	盘点小组名单

① 中华人民共和国财政部. 企业会计准则 2022 年版[M]. 上海：立信会计出版社，2022：7.

续表

工作流程	工作人员	工作时间	工作地点	工作单位	工作资料
账簿卡片核对，编制账存清单（正确性）	固定资产管理与核算岗	计划时间	固定资产管理部办公地	固定资产管理部	固定资产会计账簿
	固定资产管理岗		盘点小组办公地	盘点小组	固定资产卡片
	盘点小组成员		财务部办公地	财务部	固定资产账面明细清单
逐一清点实物，填制实存清单（正确性）	盘点小组成员	计划时间	盘点小组办公地	盘点小组	固定资产实物盘点清单
	固定资产保管岗		固定资产库存地	固定资产管理部	
	使用部门负责人		使用部门办公地	使用部门	
账面实存对比，编制盘点报表（正确性）	盘点小组成员	计划时间	盘点小组办公地	盘点小组	固定资产盘点表
					固定资产盘盈登记表
					固定资产盘亏登记表
分析盘盈盘亏，上报审批调整（合规性）	相关部门负责人	计划时间	相关部门办公地	相关部门	盘盈盘亏处理审批报告
	盘点小组成员		上级部门办公地	上级部门	
	上级部门负责人		盘点小组办公地	盘点小组	
相关账务处理，盘点工作总结（完整性）	固定资产管理与核算岗	计划时间	财务部办公地	财务部	会计处理记账凭证
	盘点小组组长		盘点小组办公地	盘点小组	固定资产盘点工作总结
	会计机构负责人				

（二）成立工作小组，拟定盘点方案

（1）确定盘点工作小组成员名单。

（2）根据企业固定资产管理制度，拟定固定资产盘点方案（“参考样式”附后）。

（三）账簿卡片核对，编制账存清单

（1）核对固定资产会计账簿与固定资产卡片。

（2）编制固定资产账目明细清单，也可由企业财务系统导出（“样表”附后）。

（四）逐一清点实物，填制实存清单

（1）清点固定资产实物。

（2）编制固定资产实物盘点清单（样表附后）。

（五）账面实存对比，编制盘点报表

（1）账面实存核对，确认是否账实相符。

（2）编制固定资产盘盈盘亏报告表（“样表”附后）。

（3）编制记账凭证并交凭证审核人员审核。

盘亏：借：待处理财产损溢
　　　　　累计折旧
　　　　　固定资产减值准备
　　　　　贷：固定资产
　　　　　　　应交税费—应交增值税（进项税额转出）

盘盈：借：固定资产
　　　　　贷：以前年度损益调整

（4）根据审核后的记账凭证登记相关账簿。

（六）分析盘盈盘亏，上报审批调整

（1）分析盘亏原因。

（2）提交盘点盘亏报告表。

将盈亏情况、查明的原因及处理建议上报给单位领导或有关部门办理报批手续。

（七）相关账务处理，盘点工作总结

（1）根据审批结果编制记账凭证并交凭证审核人员审核。

盘亏：借：其他应收款
　　　　　营业外支出

贷:待处理财产损溢

盘盈:借:以前年度损益调整

贷:应交税费—应交所得税

借:以前年度损益调整

贷:盈余公积

利润分配—未分配利润

(2) 根据审核后的记账凭证登记相关账簿。

(3) 撰写固定资产盘点工作总结(参考样式附后)。

五、实训案例

20×2 年 12 月 31 日,××公司在财产清查过程中发现盘盈一台(八成新)数控 A 型设备,其同类产品市场售价 50000 元,企业所得税税率 25%。盘亏数控 C 型设备一台,原价 120000 元,取得时已抵扣进项税 19200 元,盘亏时已提取折旧 80000 元,未提取减值准备。经批准,盘亏设备由管理人员宋××赔偿 10000 元。其余转做营业外支出。

(案例来源:张卫平、李坤主编《财务会计》(第 2 版),中国人民大学出版社)

六、实训成绩评价

(1) 课堂出勤(20%)。

(2) 固定资产盘点工作标准考核成绩方案(30%)。

(3) 固定资产盘点相关资料编制及账务处理(50%)。

七、附件

固定资产盘点方案(参考样式)

(一) 目的

为明确固定资产盘点的范围、时间、责任人,确保盘点的充分性、及时性及有效性,特制定本方案。

(二) 范围

本方案适用于公司固定资产盘点的指导。

(三) 术语

盘点:根据公司生产经营的要求,定期或不定期地对固定资产进行全部或部分的清点，以确定该时点该资产的实际数量。

自盘：由各负责部门自行整理好所管辖的固定资产，盘点数量，标识在醒目的位置，并记录结果。

（四）职责

财务部：固定资产盘点的归口管理部门；负责组织各盘点部门开展盘点工作；负责根据盘点数据进行账务处理。

盘点人：负责根据《固定资产账面明细清单》查点固定资产数量，并记录于《固定资产实物盘点清单》上，要确保所盘点固定资产的数量准确性及记录真实性；盘点人由各归属部门负责人指派。

（五）内容

其主要内容包括如下四个方面：

（1）固定资产盘点的责任划分。

（2）盘点流程：账簿卡片核对，编制账存清单 → 逐一清点实物，填制实存清单 → 账面实存对比，编制盘点报表 → 分析盘盈盘亏，上报审批调整。

（3）盘点周期。

固定资产的盘点周期为季度或特殊需要。

（4）盘点结果处理。

固定资产盘点过程中主要使用的表格如下表 4.31、表 4.32 以及表 4.33。

表 4.31　固定资产账目明细清单(样表)

类别名称	固定资产编号	固定资产名称	使用部门	原值（元）	累计折旧(元)	预计可使用年限(年)	开始使用日期	增加方式

表 4.32　固定资产实物盘点清单(样表)

类别名称	固定资产编号	固定资产名称	使用部门	原值（元）	累计折旧(元)	预计可使用年限(年)	开始使用日期	增加方式

表 4.33　固定资产盘盈盘亏报告表(样表)

20×2 年 12 月 31 日

金额单位:元

<table>
<tr><td colspan="3">固定资产项目</td><td colspan="2">账存</td><td colspan="2">实存</td><td colspan="2">盘盈</td><td colspan="2">盘亏</td></tr>
<tr><td>编号</td><td>名称</td><td>规格</td><td>数量</td><td>金额</td><td>数量</td><td>金额</td><td>数量</td><td>金额</td><td>数量</td><td>金额</td></tr>
<tr><td></td><td></td><td></td><td></td><td></td><td></td><td></td><td></td><td></td><td></td><td></td></tr>
<tr><td></td><td></td><td></td><td></td><td></td><td></td><td></td><td></td><td></td><td></td><td></td></tr>
<tr><td></td><td></td><td></td><td></td><td></td><td></td><td></td><td></td><td></td><td></td><td></td></tr>
<tr><td></td><td></td><td></td><td></td><td></td><td></td><td></td><td></td><td></td><td></td><td></td></tr>
<tr><td colspan="2" rowspan="2">处理意见</td><td colspan="3">使用部门</td><td colspan="3">盘点小组</td><td colspan="3">主管部门</td></tr>
<tr><td colspan="3"></td><td colspan="3"></td><td colspan="3"></td></tr>
</table>

固定资产盘点工作总结(参考样式)

××公司于20××年×月×日——×月×日对固定资产进行了盘点清查,共盘点固定资产×项,其中盘亏×项,盘盈×项。清查结果如下:

(一) 盘亏固定资产基本情况

……

(二) 盘盈固定资产基本情况

……

(三) 总结

××公司

20××年×月×日

第六节　材料收发工作能力训练

企业在进行原材料的日常核算时,可以采用实际成本法和计划成本法。在实际成本法中,原材料先根据取得方式不同确定相应的实际成本,并据以登记入账,再根据选定的发出材料计价方法计算并核算发出材料的实际成本。

一、实训能力目标

通过材料收发工作能力训练，使学生能够掌握材料发出的计价方法，以及材料入库的工作标准，同时掌握材料出库的工作标准，以及材料入库和出库的账务处理方法。

二、实训理论基础

原材料是指企业在生产过程中经加工改变其形态或性质，构成产品主要实体的各种原料及主要材料、辅助材料、外购半成品（外购件）、修理用备件（备品备件）、包装材料、燃料等。①

外购原材料的成本一般包括购买价款、相关税费、运输费、装卸费、保险费以及其他可归属于材料采购成本的费用。其中，购买价款是指采购材料时取得的发票账单上列明的价款（不包括按规定可予抵扣的增值税进项税额）。相关税费是指进口关税、购买存货发生的消费税以及不能从增值税销项税额中抵扣的进项税额等。其他可归属于材料采购成本的费用是指采购过程中发生的除上述各项费用以外的仓储费、包装费、运输途中的合理损耗、市内运杂费、入库前的挑选整理费等可直接归属于材料采购成本的费用。

企业在确定发出原材料的成本时，可以采用先进先出法、月末一次加权平均法、移动加权平均法、个别计价法 4 种计价方法。企业应当根据实际情况综合考虑存货的性质、实物流转方式和管理的要求，选择适当的存货计价方法，合理确定发出存货的实际成本。②

材料收发工作中使用的主要账户如下：

“在途物资”账户借方登记企业购入的在途材料的实际成本，贷方登记验收入库的材料实际成本。期末，该账户的余额在借方，表示企业在途材料的实际成本。

“原材料”账户借方登记入库材料的实际成本，贷方登记发出材料的实际成本。期末，该账户的余额在借方，表示企业库存材料的实际成本。

三、实训内容

（一）原材料入库

由于企业距离采购地点远近不同、货款结算方式不同等原因，可能造成材料验

① 刘永泽，陈立军. 中级财务会计[M]. 7 版. 大连：东北财经大学出版社，2021：42.

② 刘永泽，陈立军. 中级财务会计[M]. 7 版. 大连：东北财经大学出版社，2021：58.

收入库和货款结算并不总是同步完成。具体包括 3 种情况:材料已入库且货款已付、货款已付但材料尚在运输途中、材料已入库但货款未付。

(二) 原材料出库

企业应当采用先进先出法、加权平均法或者个别计价法来确定发出原材料的实际成本。企业领用(发出)原材料,一般应按照材料名称并区分领料用途去填制领料单,在月末汇总编制发出材料汇总表,并根据材料的用途进行账务处理。

四、实训操作步骤

(一) 熟记工作标准,进行平台训练

材料收发工作标准是指企业采购岗位和财务部门对材料收发工作进行核算的工作规范。进入圆通财经工作能力训练平台,选择“材料收发工作标准”进行训练,每组训练至少两遍,且必须在规定的时间内完成“材料收发工作标准”训练,训练完成后系统自动评分,详细步骤如表 4.34 所示。

表 4.34 材料收发工作标准

工作流程	工作人员	工作时间	工作地点	工作单位	工作资料
外购材料到库,质检部门检测(合规性)	采购员	材料到库时	采购部办公地	采购部	采购合同
	仓库保管员		仓库所在地	质检部	到库材料清单
	质检员				质量检验单
仓库保管清点材料验收入库(正确性)	采购员	即时	采购部办公地	采购部	材料验收清单
	仓库保管员		仓库所在地		外购材料入库单
	采购部主管				
财务审批报账,完成采购结算(完整性)	仓库保管员	即时	财务部办公地	财务部	外购材料入库单
	财务人员				购货发票
	财务部负责人				结算凭证

续表

工作流程	工作人员	工作时间	工作地点	工作单位	工作资料
库存材料出库，填写领料单据（合规性）	仓库保管员	即时	仓库所在地	采购部	领料单
	领料员		领料部门办公地	领料部门	
	领料部门负责人				
月末汇总发料，完成账务处理（正确性）	财务人员	月末	财务部办公地	财务部	原材料领用汇总表
	财务部负责人				凭证账簿

（二）外购材料到库，质检部门检测

（1）材料到库，采购员交验资料。
（2）质检部门检测，出具质量证明。

（三）仓库保管清点，材料验收入库

（1）仓库保管员清点材料。
（2）填写原材料入库单。
详细内容如表 4.35 所示：

表 4.35　原材料入库单

20×2 年×月×日

<table>
<tr><td colspan="2">类别</td><td>原材料</td><td colspan="4"></td><td>编号</td><td colspan="2"></td></tr>
<tr><td colspan="2">发票</td><td></td><td colspan="4"></td><td>来源</td><td colspan="2"></td></tr>
<tr><td rowspan="2">名称</td><td rowspan="2">规格</td><td rowspan="2">单位</td><td colspan="2">数量</td><td colspan="4">实际成本</td><td rowspan="2">备注</td></tr>
<tr><td>应收数</td><td>实收数</td><td>单价</td><td>总价</td><td>运杂费</td><td>合计</td></tr>
<tr><td></td><td></td><td></td><td></td><td></td><td></td><td></td><td></td><td></td><td></td></tr>
<tr><td></td><td></td><td></td><td></td><td></td><td></td><td></td><td></td><td></td><td></td></tr>
<tr><td></td><td></td><td></td><td></td><td></td><td></td><td></td><td></td><td></td><td></td></tr>
</table>

采购主管：　　　　　　　　采购员：　　　　　　　　保管员：

（四）财务审批报账，完成采购结算

1. 出纳根据发票和入库单开出转账支票付款

中国工商银行	中国工商银行　转账支票		8E25102511 225102511
转账支票存根	出票日期（大写）　年　月　日		付款行名称：
8E25102511	收款人：		出票人账号：
225102511			
附加信息	人民币 （大写）		亿 千 百 十 万 千 百 十 元 角 分
出票日期　年　月　日	用途：		
收款人：	上列款项请从 我账户内支付		
金　额：			
用　途：	出票人签章	复核	记账
单位主管			

图 4.10　中国工商银行转账支票示意图

2. 会计根据发票和转账支票存根编制记账凭证并交审核人员审核

(1) 材料已入库且货款已付

借:原材料

　　应交税费—应交增值税(进项税额)

　　贷:银行存款

(2) 货款已付但材料尚在运输途中

① 支付货款:

借:在途物资

　　应交税费—应交增值税(进项税额)

　　贷:银行存款

② 材料验收入库

借:原材料

　　贷:在途物资

(3) 材料已入库但货款未付

① 材料验收入库:不做会计处理

② 当月结算凭证到达

借:原材料

　　应交税费—应交增值税(进项税额)

　　贷:银行存款

3. 出纳和会计根据审核后的记账凭证登记相关账簿

（五）库存材料出库，填写领料单据

1. 领料部门申请领料

2. 仓库保管员填写原材料出库单

原材料出库单如表 4.36 所示。

表 4.36　原材料出库单

20×2 年×月×日

<table>
<tr><td>部门</td><td colspan="6"></td><td>编号</td><td></td></tr>
<tr><td>用途</td><td colspan="6"></td><td>仓库</td><td></td></tr>
<tr><td rowspan="2">名称</td><td rowspan="2">规格</td><td rowspan="2">单位</td><td colspan="2">数量</td><td rowspan="2">单价</td><td colspan="2" rowspan="2">金额</td><td rowspan="2">备注</td></tr>
<tr><td>请领</td><td>实发</td></tr>
<tr><td></td><td></td><td></td><td colspan="2"></td><td></td><td colspan="2"></td><td></td></tr>
<tr><td></td><td></td><td></td><td colspan="2"></td><td></td><td colspan="2"></td><td></td></tr>
<tr><td></td><td></td><td></td><td colspan="2"></td><td></td><td colspan="2"></td><td></td></tr>
</table>

记账：　　　　发料：　　　　领料部门负责人：　　　　领料：

（六）月末汇总发料，完成账务处理

1. 会计编制原材料领用汇总表

原材料领用汇总表如表 4.37 所示。

表 4.37　原材料领用汇总表

20×2 年×月×日

原始凭证编号自　　　　至　　　　共　　张

<table>
<tr><td rowspan="2">用途</td><td colspan="3">×材料</td><td colspan="3">×材料</td><td colspan="3">×材料</td><td rowspan="2">合计</td></tr>
<tr><td>数量</td><td>单价</td><td>金额</td><td>数量</td><td>单价</td><td>金额</td><td>数量</td><td>单价</td><td>金额</td></tr>
<tr><td></td><td></td><td></td><td></td><td></td><td></td><td></td><td></td><td></td><td></td><td></td></tr>
<tr><td></td><td></td><td></td><td></td><td></td><td></td><td></td><td></td><td></td><td></td><td></td></tr>
<tr><td></td><td></td><td></td><td></td><td></td><td></td><td></td><td></td><td></td><td></td><td></td></tr>
<tr><td></td><td></td><td></td><td></td><td></td><td></td><td></td><td></td><td></td><td></td><td></td></tr>
<tr><td></td><td></td><td></td><td></td><td></td><td></td><td></td><td></td><td></td><td></td><td></td></tr>
<tr><td></td><td></td><td></td><td></td><td></td><td></td><td></td><td></td><td></td><td></td><td></td></tr>
<tr><td></td><td></td><td></td><td></td><td></td><td></td><td></td><td></td><td></td><td></td><td></td></tr>
</table>

记账：　　　　复核：　　　　制单：

2. 会计根据领料单编制记账凭证并交审核人员审核

(1) 生产经营领用原材料

借:生产成本/制造费用

　贷:原材料

(2) 工程领用原材料

借:在建工程

　贷:原材料

(3) 销售原材料

借:其他业务成本

　贷:原材料

3. 根据审核后的记账凭证登记相关账簿

五、实训案例

庄×公司为增值税一般纳税人,原材料收发采用实际成本计价,发出材料采用先进先出法。A材料无期初余额,20×2年8月发生以下与A材料收发有关的业务:

11日,从中×公司购入A材料10000千克,取得的增值税专用发票上注明单价1.5元,增值税税率13%,材料价款15000元,增值税额1950元。所有款项均以银行存款支付,A材料当日已验收入库。

15日,生产甲产品领用A材料3500千克。

23日,基建部门领用A材料2500千克。

29日,销售A材料1000千克。

案例来源:张卫平、李坤主编《财务会计》(第2版),中国人民大学出版社。

六、实训成绩评价

(1) 课堂出勤(20%)。

(2) 材料收发工作标准考核成绩方案(30%)。

(3) 材料收发相关资料填制及账务处理(50%)。

第七节　应收账款催收工作能力训练

应收账款指企业因销售商品、提供劳务等经营活动应收取的款项,是企业一项重要的流动资产，是往来业务核算中一项重要的债权。随着市场经济的不断发展，企业之间的竞争加剧，为了扩大市场销售量，大多采用赊销的方式，因此形成大量的应收账款。所以需要不断加强应收账款的催收管理，加强资金的回流，避免坏账的发生。

一、实训能力目标

通过应收账款催收工作能力标准的训练，能够使学生对应收账款催收工作流程有基本的了解，同时掌握应收账款催收的日常管理，培养学生风险意识、团队合作意识，协助核算与管理岗，以及配合销售部门组织对应收账款的催收管理等。

二、实训理论基础

（一）应收账款的功能

一方面，在市场经济下，随着企业之间的竞争加剧，企业在竞争中利用各种手段扩大销售，通过广告提高商品知名度和影响力，从而提供质优价廉的商品来占领市场，同时提供良好的售后服务，所以企业不得不以赊销的方式招揽客户。另一方面，企业提供优惠的赊销条件，减少存货积压，加速存货资金周转，减少储存成本，提高资金使用效率。

应收账款管理的最终目标是通过赊销方式扩大销售额，同时减少存货，从而使应收账款而增加的收益大于其相关成本和费用。

（二）商业折扣和现金折扣

商业折扣是指企业为促进商品销售而在商品标价上给予的价格扣除。商业折扣一般用商品标价的一定百分比来表示，如 3%、5%、10%等。销售商品涉及折扣的应当按照扣除商业折扣后的金额确定销售收入的金额。

现金折扣是指企业为了鼓励客户在一定期限内及早偿还货款而从发票价格中让渡给客户一定金额的款项。现金折扣的条件通常用一定形式的术语来表示，如“2/10，1/20，N/30”（即买方在 10 天内付款可按售价给予 2%的折扣，在 20 天内付款按售价给予 1%的折扣，在 30 天内付款，则不给折扣）。当出现现金折扣时，会计实务中一般采用总价法核算（即按扣除现金折扣前的总金额确认销售收入和应收账款）。如果客户在折扣期内付款而获得现金折扣，则将实际收到的价款连同给客户的现金折扣，作为应收账款减少。对销售方给予客户的现金折扣，可以作为一种理财费用，计入“财务费用”科目核算。

（三）建立应收账款客户档案

企业应建立客户档案业务资料，不仅包括欠款客户，也包括信誉良好的客户。档案内容主要包括客户的法定代表人、法定地址、联系电话等工商登记情况，业务经办人情况，银行账户情况，交易合同、协议情况，双方历次对账情况，客户信用记录，客户对其债务偿还的承诺情况等。考虑到客户档案是企业的重要商业秘密，企业一般指定专人妥善保管。

在赊销时，需要进行客户信用调查，并核定信用额，以避免坏账的发生。通常采用的调查方法有① 直接调查法：通过当面采访、询问、观察、记录等方式获取客户的资信状况。② 间接调查法：可以通过信用调查机构、第三方资料、政府部门以及有关其他机构公开的数据，获取被调查单位的信用资料。也可以采用 5C（即品德、能力、资本、抵押、条件）评估法和信用评分法。

（四）建立应收账款明细账

为加强应收账款的管理，企业一般按客户不同设立应收账款明细账。应收账款明细账应由会计人员专门登记，一般采用三栏式，应收账款的增加计入借方，应收账款的收回及确认的坏账损失需计入贷方，期末借方余额为尚未收回的应收账款。如果期末出现贷方余额，则为企业预先收取的账款，详细表格如表 4.38 所示。

表 4.38　应收账款明细账

年		凭证号数	摘　　要	借方	贷方	借或贷	余额
月	日						

企业应收取的货款及代垫的运费，应借记“应收账款——××公司”科目，贷记“主营业务收入”“应交税费——应交增值税（销项税额）”“银行存款”等科目。收到应收账款时，应借记“银行存款”等科目，贷记“应收账款——××公司”等科目。

（五）应收账款的账龄分析

企业应加强对应收账款账龄的分析，分析应收账款拖欠时间的长短以及拖欠金额的大小，由专人负责管理。分析拖欠的具体原因，并制定可行的催收方案。对拖欠时间较长、金额较大的应收账款应加大催收的力度。一般情况下，拖欠时间越长，发生坏账的可能性越大，给企业造成坏账损失的可能性也就越大。为此，企业必须做好应收账款的账龄分析，包括在某一时点应收账款的账龄长短、各账龄应收账款的余额及占总余额的比重等，详细表格见表 4.39 所示。

表 4.39　应收账款账龄分析表

2022 年 12 月 31 日

账龄	应收账款(元)	金额百分比	坏账准备比例	坏账准备金额(元)
未到期	8510	9.13%	0%	-
0～30 天	7350	7.88%	1%	73.50
30～60 天	980	1.05%	3%	29.40
60～90 天	2600	2.79%	6%	156.00
90 天以上	73780	79.15%	10%	7378.00
合计	93220	100%	-	7636.90

应收账款账龄分析表中列明了账龄的长短、拖欠金额以及占总金额的比重，以及按照谨慎性的会计信息质量要求计提的坏账准备比例和金额。一般情况下，拖欠的时间越长，计提的坏账准备比例越高。对于账龄较长、金额较大的应收账款，应及时采取收账措施，同时调整企业的信用政策，避免发生坏账损失。

通过对应收账款的账龄分析，企业财务管理部门可以掌握以下信息：有多少客户在折扣期限内付款；有多少客户在信用期限内付款；有多少客户在信用期限后才付款；有多少应收账款拖欠太久，可能成为坏账。

（六）收账政策

由于账款拖欠时间越长、拖欠金额越大，发生坏账损失的可能性也就越大，所以企业应制定合理的收账政策，催收款项，可以由专人先打电话说明具体拖欠情况进行催收，也可以采取电子邮件的方式，列明拖欠时间、金额等进行催收，也可以直接上门进行催收，必要时可以委托专门的收账公司进行催收。当无法催收到款项时，也可以拿起法律武器，通过法律途径解决。

制定合理的收账政策，可以及时收回账款，减少坏账损失，但同时会增加收账费用，对此，企业应合理规划收账政策。

（七）计提坏账准备

根据《企业会计准则》规定，企业应采用备抵法核算坏账损失。采用备抵法核算坏账，将未来预计不能收回的应收账款作为坏账损失计入当期损益，既符合权责发生制原则，也遵循了收入和费用的配比原则，避免虚盈实亏，又在一定程度上减少或消除了坏账损失给企业带来的风险，符合谨慎性要求。应收账款在资产负债表中的填列方法，是依据应收账款账面余额进行调整后，通过减去坏账损失后的净额进行反映，这样有助于会计信息使用者了解财务状况，更好地作出经济决策。

根据我国会计准则规定，按照谨慎性的要求，企业对应收账款应当按期计提坏账准备，估算预期信用损失的金额，即按照预期信用损失法计量其损失准备。企业应当在资产负债表日计算应收账款预期信用损失。如果该预期信用损失小于应收账款当前减值准备的账面金额，企业应当将其差额确认为减值里的，编制相反的会计分录，借记“坏账准备”科目，贷记“信用减值损失”科目；相反时，则借记“信用减值损失”科目，贷记“坏账准备”科目；当企业实际发生信用损失，认定应收账款无法收回，经批准予以核销的，应当根据批准的核销金额，借记“坏账准备”科目，贷记“应收账款”科目；若核销金额大于已计提的损失准备，还应按其差额借记“信用减值损失”科目。

三、实训内容

（一）企业应收账款催收工作标准训练

通过圆通财经工作能力训练平台，加强对企业应收账款催收工作标准的理解，掌握企业应收账款催收工作的工作流程、工作人员、工作时间、工作地点、工作单位、工作资料等。

（二）企业应收账款催收方案的撰写

结合实训理论基础，结合所给资料，撰写企业应收账款催收方案。

四、实训操作步骤

（一）熟记工作标准，进行平台训练

应收账款催收工作标准是指往来核算与管理岗配合销售部门组织对应收账款进行催收的工作规范。

1．应收账款催收工作标准平台训练

进入圆通财经工作能力训练平台，选择“应收账款催收工作标准”进行训练，每组训练至少两遍，必须在规定的时间内完成“应收账款催收工作标准”训练，之后系统自动评分，详细步骤如表 4.40 所示。

表 4.40　应收账款催收工作标准

工作流程	工作人员	工作时间	工作地点	工作单位	工作资料
查询业务项目 确认应收款项 （正确性）	往来款管理 与核算岗	即时	财务部 办公地	财务部	应收账款 明细账页
	业务经办人		经办部门 办公地	业务经办部门	原始业务资料
查明欠款原因 制定催收方案 （可行性）	往来款管理 与核算岗	即时	财务部 办公地	财务部	欠款单位资料
	业务经办人		经办部门 办公地	业务经办部门	催收欠款方案
实施催收方案 达成还款协议 （合规性）	往来款管理 与核算岗 业务经办人 客户单位经 办人	即时	财务部办公地 经办部门办 公地 客户单位地址	财务部 业务经办部门 客户单位	催收欠款方案 还款协议 其他催收欠款 资料
实际收取欠款 核销应收账款 （正确性）	往来款管理 与核算岗	即时	财务部办公地 客户单位地址	财务部	现金、银行 收款票据
	客户单位 经办人			客户单位	报账资产 入库单
依据客户还款 修订信誉等级 （合规性）	往来款管理 与核算岗 销售管理岗	即时	财务部办公地 销售部门办 公地 客户单位地址	财务部 销售部门 客户单位	客户借贷登记 管理表
编制记账凭证 等级有关账簿 （完整性）	往来款管理 与核算岗	即时	财务部办公地	财务部	会计记账凭证
	出纳岗				相关往来账簿

2. 企业应收账款催收工作标准实践训练

进入圆通财经工作能力训练平台，选择“我的工作实践”中的“参考标准实践”模式，选择“应收账款催收工作标准”，参照系统提供的参考模板，结合所选企业，制定一个企业应收账款催收工作标准。

（二）企业应收账款催收方案的撰写

结合具体的实训案例资料，编制应收账款账龄分析表，并制定应收账款催收方案。

五、实训案例

ABC公司2022年12月31应收账款资料如下表4.41所示：

表4.41 ABC公司应收账款概况

赊销日期	债务人名称	应收金额(元)	付款期限(天)
2022年2月8日	甲公司	30000	50
2022年3月18日	乙公司	500000	40
2022年4月6日	丙公司	20000	30
2022年5月20日	丁公司	100000	40
2022年6月11日	戊公司	12000	35
2022年7月4日	己公司	30000	30
2022年8月23日	庚公司	15000	30
2022年9月15日	辛公司	58000	30
2022年11月17日	壬公司	16000	30
2022年12月5日	癸公司	40000	25

未到期的应收账款发生坏账的可能性为0%，预期“0～30天”的应收账款发生坏账的可能性约为2%，预期“30～60天”的应收账款发生坏账的可能性约为5%，预期“60～90天”的应收账款发生坏账的可能性约为8%，预期“90天以上”的应收账款发生坏账的可能性约为10%。

要求：结合所学理论知识，编制应收账款账龄分析表，并撰写应收账款催收方案。

六、实训成绩评价

(1) 课堂出勤(20%)。
(2) 企业应收账款催收工作标准考核成绩(30%)。
(3) 应收账款催收方案的撰写(50%)。

第八节　企业年度财务审计工作能力训练

财务报表审计是注册会计师为财务报表是否不存在重大错报提供合理保证，以增强除管理层之外的预期使用者对财务报表的可信赖程度。审计报告是指注册会计师对财务报表发表审计意见的书面文件。

一、实训能力目标

通过企业年度财务审计工作标准训练，能够对所编制的上年度财务报表的合法性、合规性、真实性、完整性及一贯性进行审计，出具年度审计报告。同时能够明确审计工作流程，也是在审计的准备阶段、实施阶段和报告阶段所需的基本资料。训练中按照现代风险导向审计理念，保持职业怀疑态度，识别、评估和应对重大错报风险，培养学生审计思维方式。

二、实训理论基础

按照审计流程开展财务报表审计工作，主要包括初步业务活动、接受业务委托、签订审计业务约定书、计划审计工作、实施风险评估程序、实施控制测试和实质性程序、完成审计工作及编制审计报告等。财务报表审计的目标是注册会计师通过执行审计工作，对财务报表是否按照适用的财务报告编制基础编制以及检验财务报表是否在所有重大方面公允反映被审计单位的财务状况、经营成果和现金流量发表意见。

(一) 初步业务活动

会计师事务所应对客户的基本情况进行了解，决定是否承接该项审计业务。其中包括企业的基本情况，如业务规模的大小、组织结构的设置、人员的配备、企业文化等，企业的经营情况，如资产规模、经营范围、资金来源、经营风险等，企业以前的年度审计情况，包括是否更换会计师事务所、审计人员的独立性、审计意见的类型等，以及被审计单位的主要股东、关键管理人员和治理层是否诚信等，以确保不影响注册会计师接受与保持该项业务的意愿。

会计师事务所及注册会计师应对审计独立性进行评估，确保做到形式上和实质上的独立，要遵守职业道德规范的基本要求，具有专业胜任能力，同时能够遵循职业道德概念框架，满足完成审计的基本要求。

双方进行了解以后，再决定是否承接业务。如果承接业务，双方需要签订法律文书，即审计业务约定书，就有关重要内容形成法律文件，避免法律纠纷。

审计业务约定书的具体内容与格式，可能因被审计但的不同而存在差异，但基本内容应大致相同。根据《中国注册会计师审计准则第 1111 号——就审计业务约定条款达成一致意见》，审计业务约定书作为一份法律文件，主要明确审计目标和范围、注册会计师的责任、管理层的责任，以及法律争议的解决途径等。会计师事务所承接任何审计业务，都应与被审计单位签订审计业务约定书。

（二）计划审计工作

《中国注册会计师审计准则第 1201 号——计划审计工作》规范了总体审计策略的审计范围、时间和方向，拟实施的风险评估程序的性质、时间安排和范围，拟实施的进一步审计程序的性质、时间安排和范围，以及拟实施的其他审计程序等。通过制定审计计划，可以关注审计的重点领域，以便合理调配资源，提高审计效率。

在制定总体审计策略时，需要考虑人员的配备、时间的安排、审计程序的制定等。

具体审计计划的目的是帮助项目组成员获取充分、适当的审计证据，从而将审计风险降至可接受的水平。

计划审计工作贯穿于整个审计业务，其不是一成不变的，而是一个持续的、不断修正的过程。随着审计工作的进行，对于不合适的审计计划应及时修正完善，从而指导具体审计工作的开展，获取充分、适当的审计证据。

（三）风险识别与评估

《中国注册会计师审计准则第 1211 号——通过了解被审计单位及其环境识别和评估重大错报风险》，规定注册会计师应当了解被审计单位及其环境，以充分识别和评估财务报表中重大错报的风险，进一步设计和实施审计程序。

在以风险评估为基础的审计下，注册会计师应广泛了解被审计单位的内、外部环境，识别和评估重大错报风险，明确财务报表本身可能存在的重大错报领域，确定财务报表整体层次的重要性水平、有关交易、账户余额认定层次的重要性水平以及实际执行的重要性水平，按照总体审计策略和具体审计计划的要求进行资源合理配置，从而识别出财报中可能存在的重大错报。

（四）风险应对

根据《中国注册会计师审计准则第 1231 号——针对评估的重大错报风险采取的应对措施》，注册会计师应当针对评估的财务报表层次重大错报风险，设计和实施总体应对措施。应当针对评估的层次认定重大错报风险，进一步设计和实施审计程序，包括审计程序的性质、时间安排和范围。

针对财务报表层次的重大错报风险，注册会计师应采取总体应对措施。一般情况下，财务报表层次的重大错报风险很可能来源于薄弱的控制环境，注册会计师可以采取非常规的审计方法，或者在期中而非期末实施审计，增加审计范围，以及增加审计不可预见性等方法，提高审计效率和效果。

针对认定层次的重大错报风险，注册会计师可以通过扩大审计范围、调整审计时间，以及改变审计方法等来获取充分、适当的审计证据。

（五）审计证据和审计工作底稿

根据《中国注册会计师审计准则第 1301 号——审计证据》，审计证据是指注册会计师为了得到审计结论及形成审计意见而使用的信息。审计证据包括构成财务报表基础的会计记录所含有的信息和从其他来源获取的信息。

审计过程重要的是获取充分、适当的审计证据，充分性和适当性两者缺一不可，只有充分且适当的审计证据才是有证明力的。充分性强调数量上要足够，但也不是越多越好，获取更多的审计证据需要投入更多的人力、物力、财力资源。适当性强调证据应具有可靠性和相关性，一般情况下，外部证据、直接证据、纸质证据、相互印证的证据比内部证据、间接证据、口头证据、相互矛盾的证据更加可靠。注册会计师可以通过检查记录或文件、检查有形资产、观察、询问、外部函证、重新计算、重新执行和分析程序等具体审计过程来获取审计证据。

《中国注册会计师审计准则第 1131 号——审计工作底稿》对审计工作底稿的概念、基本要素、编制要求及归档要求作出了具体规定。审计工作底稿作为审计证据的载体，同时又是编制审计报告的基础资料，形成于审计过程，也反映整个审计过程。

（六）审计报告

《中国注册会计师审计准则第 1501 号——对财务报表形成审计意见和出具审计报告》，规范了审计报告及其格式，针对财务报表整体是否不存在由于错误或舞弊导致的重大错报，发表了审计意见。《中国注册会计师审计准则第 1504 号——在审计报告中沟通关键审计事项》对注册会计师在审计报告中沟通关键审计事项的责任作出规范。《中国注册会计师审计准则第 1502 号——在审计报告中发表非无保留意见》和《中国注册会计师审计准则第 1503 号——在审计报告中增加强调事项段和其他事项段》规定了注册会计师在审计报告中发表非无保留意见、增加强调事项段或其他事项段时，审计报告的格式和内容要进行相应调整。其他审计准则也包含出具审计报告时适用的报告要求。财务报表审计意见的基本类型有无保留意见、保留意见、否定意见和无法表示意见的审计报告。

三、实训内容

（一）企业年度财务审计工作标准训练

通过圆通财经工作能力训练平台，加强学生对企业年度财务审计工作标准的理解，熟悉年度财务审计工作的工作流程、工作人员、工作时间、工作地点、工作单位、工作资料等。

（二）企业年度财务报告的撰写

结合实训理论基础，结合所给资料，撰写年度审计报告。

四、实训操作步骤

（一）熟记工作标准，进行平台训练

应收账款催收工作标准是指往来核算与管理岗配合销售部门组织对应收账款进行催收的工作规范。

1. 企业年度财务审计工作标准平台训练

进入圆通财经工作能力训练平台，选择“企业年度财务审计工作标准”进行训练，每组训练至少两遍，必须在规定的时间内完成“企业年度财务审计工作标准”训练，之后系统自动评分，详细流程参考表 4.42 所示。

表 4.42 企业年度财务审计工作标准

工作流程	工作人员	工作时间	工作地点	工作单位	工作资料
企业年度财务审计，整理准备有关资料（完整性）	财务部负责人、财务部工作者	规定时间	财务部办公地	财务部	年度财务报表、会计账簿、记账凭证等

续表

工作流程	工作人员	工作时间	工作地点	工作单位	工作资料
选定资格审计单位，签订委托审计合同（合规性）	财务部负责人、审计单位负责人	计划时间	财务部办公地	财务部	审计单位营业执照、委托审计合同
	相关业务工作者		审计单位地址	会计师事务所	
审计单位进驻审计，财务配合解答疑难（正确性）	财务部负责人 审计单位工作者、财务部工作者	规定时间	财务部办公地 审计单位地址	财务部 会计师事务所	审计工作底稿、审计疑难问题解答
收入费用全面审计，重大往来发函询证（真实性）	财务部负责人、审计单位工作者、财务部工作者	即时	财务部办公地 审计单位地址	财务部 会计师事务所	收入审计工作底稿、费用审计工作底稿
					重大往来余额询证函
审计提出更正意见，企业核实报表调整（正确性）	财务部负责人、审计单位工作者、财务部工作者	即时	财务部办公地，审计单位地址	财务部 会计师事务所	审计提出的更正意见、报表审计调整方案
取得财务审计报告，结算支付审计费用（完整性）	财务部负责人、审计单位工作者、财务部工作者	规定时间	财务部办公地 审计单位地址	财务部 会计师事务所	财务审计工作底稿、年度财务审计报告
					审计费用支付单

2. 企业年度审计工作标准实践训练

进入圆通财经工作能力训练平台，选择“我的工作实践”中的“参考标准实践”模式，选择“企业年度财务审计工作标准”，参照系统提供的参考模板，结合所选企业，制定一个企业年度财务审计工作标准。

（二）企业年度审计报告的撰写

结合具体的实训案例资料，撰写审计报告。

五、实训案例

ABC会计师事务所接受了H公司对其2022年度财务报表审计的委托，并于2023年3月5日派出由张某、李某两位注册会计师为负责人的审计小组进行审计。该公司注册资本为2000万元，期末未经审计的资产总额为5000万元。在计划阶段确定的重要性水平为90万元，在完成阶段确定的重要性水平为100万元，并于3月15日完成了外勤工作。在复核工作底稿时，发现H公司全部存货总额为2500万元，放置于临近单位仓库内。由于仓库倒塌，尚未清理完毕，不仅无法估计损失，也无法实施监盘，注册会计师提出处理建议，但H公司管理层于2023年3月25日正式答复张某、李某两位注册会计师，并拒绝接受他们的处理建议。

要求：结合所学理论知识，撰写一份审计报告。

六、实训成绩评价

（1）课堂出勤（20%）。

（2）企业年度财务审计工作标准考核成绩（30%）。

（3）企业年度审计报告的撰写（50%）。

参 考 文 献

[1] 孔小兵,孔凡柱.人力资源管理[M].3版.北京:机械工业出版社,2019.

[2] 张文艺,毛林强.环境保护概论[M].2版.北京:清华大学出版社,2021.

[3] 李承蔚.招标投标和政府采购法律实务操作指引与风险防控[M].北京:人民法院出版社,2020.

[4] 刘营.中华人民共和国招标投标法实施条例实务指南与操作技巧[M].北京:法律出版社,2018.

[5] 刘访.党政机关公文处理工作条例精解与范例[M].3版.北京:中国法制出版社,2023.

[6] 王振.公文写作实战秘籍[M].北京:清华大学出版社,2020.

[7] 徐捷,吴振彩.公文写作实战从入门到精通[M].北京:清华大学出版社,2023.

[8] 任康磊.图解人力资源管理[M].北京:人民邮电出版社,2020.

[9] 乔继玉,李思达.人力资源培训与开发操作指南[M].北京:人民邮电出版社,2021.

[10] 米尔科维奇,纽曼.薪酬管理[M].11版.董克用,译.北京:中国人民大学出版社,2014.

[11] 刘爱军.薪酬管理理论与实务[M].2版.北京:机械工业出版社,2016.